# La Seconde Guerre mondiale expliquée à ma fille

Henry Rousso



# La Seconde Guerre mondiale expliquée à ma fille



Éditions du Seuil

ISBN 978-2-02-104150-7



www.seuil.com

*Pour Linda, ce livre imaginé ensemble*

# PROLOGUE

La Seconde Guerre mondiale ? On en parle encore, tout le temps, partout. Dans les librairies, elle occupe des rayons entiers : ouvrages savants, « beaux livres », avec des images souvent terribles, romans, récits pour enfants et adolescents, une avalanche de titres qui donne le tournis. Tout comme à la télévision où les documentaires ou fictions sur le sujet se succèdent sans interruption, avec une audience souvent comparable à celle des séries américaines. Sur Internet, une recherche sur les termes « World War II » ou « Second World War » donne plus de 25 millions de réponses. On y trouve des sites sérieux et bien documentés, mais aussi quantité de blogs d'experts autoproclamés, y compris d'authentiques charlatans, voire pire. Enfin, l'actualité montre la présence constante de cet événement. En France, on commémore cette guerre une demi-douzaine de fois par an : la capitulation allemande le 8 mai, l'appel du 18 juin à la résistance du général de Gaulle, la persécution des juifs par les nazis et par Vichy le 16 juillet, la libération de Paris le 25 août, etc. Il ne se passe pas une semaine sans qu'un tel ne soit traité de « nazi » ou de « collaborateur », ou comparé à Hitler, ou qu'un autre n'invoque d'un ton solennel « les valeurs de la Résistance ». Et ce qui est vrai en France s'observe ailleurs.

Il ne devait donc pas être si difficile d'expliquer cette histoire à Linda, 13 ans en décembre 2012, qui a entendu parler de cette guerre dès son plus jeune âge : « les nazis, ils étaient bêtes parce qu'ils n'aimaient pas les juifs », a-t-elle lancé le jour où nous tentions de lui expliquer ce qu'était Auschwitz où j'avais dû me rendre en janvier 2005, dans le cadre d'une visite officielle dont elle avait vu les images en direct. Pourtant, cela n'a pas été si simple. Non que nous allions aborder un temps trop éloigné : Linda avait bien perçu que l'événement était encore vif dans les souvenirs, et elle a pu en discuter parfois avec ses grands-parents. Mais il a fallu la détourner un peu de son mobile, de ses messages instantanés aussi vite écrits qu'oubliés pour l'entretenir d'une autre forme de temps, moins immédiat : celui d'une histoire encore proche, encore chaude, d'une histoire du temps présent qu'elle n'avait pas étudiée en classe – on l'aborde en Troisième. Il a fallu aussi évoquer une dimension fort éloignée, heureusement, de son expérience de jeune Occidentale : la violence de la guerre en général et la violence de masse sans précédent de cette guerre en particulier qui a laissé tant de cicatrices visibles. Au contraire de son père qui montait à son âge des maquettes de Curtiss P-40, insouciant du fait que c'étaient des engins de mort, Linda n'a jamais montré de fascination pour cette période. En revanche, elle a exprimé une réelle curiosité, parfois teintée d'inquiétude. Car cette guerre semble à la fois si lointaine et si proche. N'est-ce pas ?

Chapitre 1

# D'UNE GUERRE L'AUTRE

– *C'est vrai qu'on parle beaucoup de la Seconde Guerre mondiale. Pourquoi ?*

– L'événement est d'abord exceptionnel. Peu d'épisodes historiques ont à ce point bouleversé durablement la planète, mobilisé autant de soldats, de civils, de ressources économiques, scientifiques, intellectuelles, changé à ce point la vie de dizaines de millions de personnes. Peu de conflits ont causé autant de destructions humaines – de 50 à 60 millions de victimes, pour moitié des civils. Peu ont occasionné autant de dégâts matériels : des villes entières ont été presque rayées de la carte, comme Varsovie ou Hiroshima. Beaucoup de contemporains ont eu le sentiment d'avoir survécu à un cataclysme durant lequel s'est joué le sort de l'humanité tout entière.

L'une des caractéristiques de ce conflit, c'est d'ailleurs sa longévité dans la mémoire collective des peuples concernés ou dans les souvenirs personnels de ceux qui ont connu cette épreuve. Des décennies après la fin des combats, l'onde de choc se fait encore sentir. Tout se passe comme si ce passé n'arrivait pas à entrer complètement dans l'Histoire, comme s'il restait d'une certaine manière accroché à notre présent. C'est en grande partie à cause de la difficulté à surmonter, à dépasser, à oublier les conséquences de cette guerre que la nécessité de se souvenir des grands crimes du passé est devenue un tel impératif un peu partout dans les sociétés démocratiques modernes, un « devoir de mémoire ». Cela concerne l'extermination systématique et sans précédent des juifs européens par les nazis : c'est l'un des faits les plus marquants. Cela concerne aussi les millions d'autres victimes disparues ou exterminées. La Seconde Guerre mondiale a vu l'affrontement le plus brutal, le plus frontal, le plus sanglant qui ait jamais eu lieu non seulement entre différents pays mais entre différentes conceptions de l'homme, de la politique, de la société. Elle a été vécue comme un combat mortel entre le Bien et le Mal, même si ce sont des notions à manier avec précaution.

– *Faut-il dire « Deuxième » ou « Seconde » guerre mondiale ? On voit toujours les deux expressions. Quelle est la différence ?*

– En (bon) français, l'adjectif « deuxième » s'applique à une série qui comprend plus de deux éléments, sinon on emploie le terme « second ». Parler de « Deuxième Guerre mondiale » signifie donc qu'il y en a eu une « troisième ». Or cela n'a pas été le cas même si, dans les années 1950-1960, beaucoup craignaient que la Guerre froide ne prenne ce chemin. Et tant qu'un autre conflit comparable n'aura pas éclaté, il est plus pertinent de parler de « Seconde Guerre mondiale ». En réalité, la question est de savoir comment les contemporains comprennent les événements qu'ils traversent. Ceux qui ont vécu les horreurs de 14-18 ont surnommé ce conflit la « Grande Guerre ». Déjà, à l'époque, c'est un événement sans précédent compte tenu du nombre de victimes : 10 à 11 millions de morts, essentiellement des combattants. Les pays belligérants, ceux engagés dans le combat, avaient été contraints de mobiliser toutes leurs forces, militaires et civiles, pour tenter d'emporter la victoire. On a appelé cela la « guerre totale ». On parle déjà aussi de « guerre mondiale ». Le conflit a touché surtout l'Europe, la Russie et l'Asie mineure, mais il remet en question l'équilibre du monde tout entier. Les empires coloniaux en guerre ont fait venir des troupes coloniales d'Afrique, d'Asie, d'Océanie, donnant ainsi une dimension planétaire au conflit. C'est la raison pour laquelle on parle déjà d'une « première » guerre mondiale. Mais le terme se généralise surtout après 1945 lorsqu'on va associer les deux conflits qui se suivent et partagent des points communs.

– *Lorsqu'on voit des images de ces deux guerres, elles ne se ressemblent pas. Il y a plus d'action, de mouvement dans la Seconde, on voit plus d'engins.*

– C'est vrai même si cela tient aussi à la manière de filmer, et même s'il ne faut jamais oublier que les images de la guerre sont toujours des images de propagande. Elles sont réalisées par des belligérants qui veulent donner une vision du conflit qui les arrange.

Beaucoup de documentaires aujourd'hui font semblant d'ignorer cela parce que ces images, en particulier celles de la propagande nazie, paraissent souvent modernes, dynamiques, « attirantes ». Mais tu as raison. Les images de la Première Guerre nous montrent des soldats immobilisés dans des tranchées, se protégeant des obus qui pleuvent autour d'eux, dans des champs de bataille dévastés où plus un seul arbre ne tient debout. Les images de la Seconde nous montrent des chars, des avions, des bateaux, de l'action. Beaucoup plus de tueries de civils, aussi.

Malgré ces différences, il y a bien des liens entre les deux événements. La Seconde Guerre prolonge en partie la Première, au moins pour le conflit en Europe. En 1914, les empires centraux, la partie médiane de l'Europe, l'Allemagne, l'Autriche-Hongrie, l'Empire ottoman (l'actuelle Turquie), se sont opposés à une alliance formée par la France, la Grande-Bretagne, l'Empire russe, puis les États-Unis. Ces nations se sont affrontées pour imposer leur suprématie politique ou économique sur le continent, pour récupérer des territoires, par exemple l'Alsace-Lorraine perdue par la France en

1870, ou encore acquérir leur indépendance, comme la Serbie alors sous domination austro-hongroise. Les soldats se sont battus avec détermination car ils croyaient que la survie de leur propre pays était menacée par l'adversaire. Bien qu'il y ait eu assez peu de différences dans les manières de vivre d'un Français, d'un Allemand ou d'un Anglais de 1914, le conflit a été vécu comme un choc de cultures, de civilisations, dans lequel chacun défendait sa patrie face à un ennemi présenté comme inhumain, un trait que l'on retrouve durant la Seconde Guerre mondiale, d'autant que les belligérants sont presque les mêmes.

Peu de dirigeants avaient imaginé que le conflit serait aussi long et aussi meurtrier. Très peu avaient anticipé les effets des technologies nouvelles, comme l'usage intensif de l'artillerie lourde, les canons à longue portée qui tuent en quantité et à distance. Les États avaient une capacité égale de destruction réciproque empêchant une issue rapide. Le résultat s'est traduit par une guerre de position, où l'on se battait des mois durant pour une simple colline, comme à Verdun, où un demi-million de soldats sont morts pour un lieu sans réelle importance stratégique. Les effets de cette hécatombe qui a fauché toute une génération d'hommes jeunes et dévasté certaines parties du continent se sont faits terriblement sentir à l'approche du conflit d'après. Le souvenir de cette violence de guerre d'un nouveau genre a pesé quand des responsables politiques ou militaires, parfois les mêmes que vingt ans plus tôt, ont dû envisager à nouveau de faire la guerre, d'exiger de terribles sacrifices de leurs compatriotes. Ils ont alors hésité, tergiversé, beaucoup ont même refusé.

– *Mais quels sont les liens entre les deux guerres ? On se bat pour les mêmes raisons ?*

– En 1918, les vainqueurs décident de faire payer le prix fort à l'Allemagne. Ils l'accusent d'avoir déclenché ce conflit si meurtrier. Le traité de Versailles de 1919 consacre la fin de la puissance militaire et de l'unité territoriale du pays. La Prusse est séparée du reste de l'Allemagne, enclavée dans le territoire polonais. L'Autriche-Hongrie est démantelée, et des centaines de milliers d'Allemands se retrouvent en situation de minorité dans de nouveaux pays indépendants, comme la Tchécoslovaquie. L'humiliation de la défaite, la dureté des conditions imposées par les Alliés, l'effondrement du système impérial créent au sein d'une partie de la société allemande un vif ressentiment et un violent de désir de revanche. Des problèmes similaires existent d'ailleurs un peu partout en Europe. La Hongrie a elle aussi été amputée d'une partie de son territoire et de sa population, notamment au profit de la Roumanie. L'Italie se considère comme « trahie » parce qu'elle n'a pas obtenu les régions qu'elle convoitait au sud de l'Autriche malgré sa participation à la victoire alliée. Ces situations font naître de nombreuses formes de ressentiment national qui portent en germe de nouveaux conflits possibles, même si rien n'était écrit à l'avance, loin de là.

Dans l'Europe d'après-guerre, le deuil des morts, massif, durable, général entretient la peur et le refus d'un nouveau conflit dans de larges parts de l'opinion, aussi bien chez les vainqueurs que chez les vaincus. Mais ce pacifisme ne suffit pas à atténuer les frustrations de la sortie de guerre. Celles-ci entraînent l'apparition de groupes politiques dénonçant la démocratie comme un système corrompu. Ces mouvements dits « fascistes » sont hostiles aux valeurs humanistes nées avec les Lumières et la Révolution française. Ils croient à l'inégalité naturelle entre les peuples, entre les « races », une notion qui n'a pourtant aucun fondement scientifique. Ils veulent exclure les étrangers, les opposants, souvent les juifs, accusés de ne pas s'intégrer. Ils prônent l'usage de la violence à l'intérieur comme à l'extérieur. Ils poussent à la mobilisation permanente des individus au service exclusif de la communauté nationale, sous la conduite d'un chef charismatique. Cette tendance se développe en Italie avec l'arrivée au pouvoir en 1922 de Benito Mussolini qui instaure le premier régime fasciste. En Allemagne, avec l'arrivée au pouvoir en 1933 d'Adolf Hitler et des nationaux-socialistes, les nazis, le pays sombre dans l'une des pires dictatures que l'histoire ait jamais connues. Dans les années 1930, la majorité du continent européen se retrouve ainsi sous la domination de systèmes autoritaires : la liberté de s'exprimer, de circuler, de travailler n'existe plus, ou encore de systèmes « totalitaires ». On les appelle ainsi parce que, dans ces régimes, les individus se voient transformés en simples rouages d'une « totalité » : l'État, la nation, le parti unique, sur laquelle ils n'ont plus aucune prise, ni aucun contrôle. La vie privée n'existe plus, les parents se méfient des enfants, les voisins se méfient les uns des autres, la police surveille tout et tout le monde.

– *En quoi ces idées, ces manières de diriger un pays ont-elles joué un rôle dans le déclenchement de la guerre ?*

– D'abord, elles prennent racine dans des pays qui sortent affaiblis et humiliés de la Grande Guerre, comme l'Italie et l'Allemagne. Le fascisme et surtout le nazisme sont précisément des mouvements politiques qui cherchent à organiser la revanche contre la paix de 1919 qu'ils estiment injuste. Ensuite, ces mouvements affirment la primauté de la force sur le droit, de la violence sur la négociation, de l'inégalité sur l'égalité. Ils sont par essence « bellicistes », c'est-à-dire favorables à la guerre, au chaos qu'elle engendre, car seule la guerre, disent-ils, permettra d'abolir l'ordre social démocratique et d'instaurer un ordre social nouveau et un homme nouveau.

– *On dirait un discours révolutionnaire. Mais la révolution a eu lieu en Russie, avec les communistes, non ?*

– Bien sûr. En 1917, la Russie a connu un profond bouleversement, une révolution qui a renversé l'ancien régime impérial, celui des tsars. Les bolcheviks qui l'ont conduite installent une nouvelle forme de dictature du peuple qui supprime la propriété privée, notamment des terres, toutes les libertés individuelles, emprisonne ou exécute en masse les opposants ou supposés tels. Là aussi on parle de système totalitaire pour désigner le régime de terreur qui se met en place avec cette révolution. Cependant, celle-ci se présente comme une alternative au capitalisme, à l'ordre dit « bourgeois », dénoncé comme responsable de l'exploitation des travailleurs, de la guerre, de la domination coloniale. Elle prétend abolir ce système et le remplacer par un autre entièrement égalitaire et contrôlé par l'État et le parti communiste. Malgré la répression de masse pratiquée par les bolcheviks, sous la conduite de Lénine, puis de Staline, malgré les millions de morts dont ils sont directement responsables, la révolution russe soulève un grand espoir au sein des classes les plus défavorisées partout en Europe. S'il y a de nombreux points communs entre ces systèmes totalitaires – la haine de la démocratie, l'usage de la violence comme mode de gouvernement, l'asservissement des individus, l'encadrement de la société par un parti unique –, il y a aussi des différences importantes. Le communisme veut établir une égalité absolue. Le fascisme et le nazisme visent une inégalité radicale entre les forts et les faibles, entre les « surhommes » et les « sous-hommes ». Dans les années 1920-1930, la nouvelle Union des républiques socialistes soviétiques, l'URSS, est devenue une grande puissance. Pour les uns, c'est un modèle à suivre, pour les autres, c'est une menace mortelle. La peur du communisme a été l'un des facteurs déterminants de l'avènement du fascisme et du nazisme. Elle explique en partie pourquoi les opinions des pays démocratiques se sont divisées pour savoir qui de Hitler ou de Staline était le plus dangereux. Ces deux tendances totalitaires trouvent d'autant plus de soutiens que le capitalisme traverse en

1929 l'une des crises majeures de son histoire.

– *C'est cette crise économique qui est la cause de la guerre ?*

– On l'a beaucoup dit, mais la crise économique n'est qu'indirectement l'une des raisons de la guerre. Elle entraîne la faillite de nombreuses banques qui ne peuvent plus rendre l'argent qu'elles ont en dépôt. Les entreprises produisent trop de biens sur un marché où personne n'achète plus. Du coup, cela entraîne un chômage massif, durable, un phénomène nouveau. La misère s'installe partout, y compris dans les pays riches, comme les États-Unis. Mais la crise ne provoque pas partout des bouleversements politiques. Elle a joué un rôle important dans l'arrivée de Hitler au pouvoir en Allemagne. Elle a fragilisé les grandes démocraties, comme la France ou la Grande-Bretagne. Mais il n'y pas de lien mécanique entre la crise et la guerre. La Seconde Guerre mondiale n'est pas le résultat d'un conflit économique, ni même d'un déséquilibre entre puissances impérialistes rivales comme la Première. Elle résulte de la volonté de l'Allemagne nazie de reconquérir les territoires perdus en 1918 et d'en conquérir de nouveaux. Celle-ci veut chasser, asservir, voire exterminer les populations de la Tchécoslovaquie, de la Pologne, de l'URSS à la fois pour des raisons raciales et aussi, c'est vrai, pour des raisons économiques. Le « III^e Reich », le nouvel empire allemand fondé par Hitler, s'allie pour cela avec l'Italie fasciste, qui veut elle aussi devenir une grande puissance en Europe, et avec le Japon qui poursuit des buts similaires en Asie. Ces trois pays forment le camp dit de l'« Axe ». C'est ce camp qui a voulu et déclenché la guerre.

*– Pourquoi parles-tu du Japon ? Que vient-il faire dans cette histoire ? C'est très loin !*

– Ce qui se passe alors en Asie a des répercussions directes sur ce qui se passe dans le monde occidental, même si chez nous cette histoire est moins volontiers racontée. Au même moment où des dictatures menacent la paix en Europe, le Japon, l'un des pays les plus modernisés de la région, souhaite agrandir son territoire, un petit archipel plus peuplé que l'Allemagne. Le gouvernement de l'empereur Hirohito, contrôlé par une armée aux sentiments ultranationalistes, cherche à se constituer un empire qui pourrait rivaliser avec les puissances occidentales, très influentes dans cette région depuis près d'un siècle, et qui suscitent de plus en plus d'hostilité. En 1931, le Japon envahit la Mandchourie, au nord de la République de Chine, un immense pays dont il convoite les richesses. En 1937, ses troupes occupent Nankin, la capitale chinoise. Elles y commettent des atrocités inimaginables et des crimes de masse qui choquent l'opinion internationale car elles visent en très grande majorité des civils désarmés. La guerre sino-japonaise commencée en 1937 est parfois considérée comme le début de la Seconde Guerre mondiale. En tout cas, l'expansionnisme japonais constitue la cause majeure du déclenchement de la guerre dans le Pacifique.

Chapitre 2

# LA CONQUÊTE : 1939-1942

– *Mais alors où et quand commence ce conflit ? Quel est son véritable début ?*

– Les guerres ne commencent pas toujours avec des déclarations en bonne et due forme, tel jour, à telle heure. La Seconde Guerre mondiale a commencé en Europe lorsque la Wehrmacht, l'armée allemande, a envahi brutalement la Pologne, le 1er septembre 1939. Le Reich a prétexté une agression qui n'a jamais existé, entraînant deux jours plus tard, le 3 septembre, l'entrée en guerre de la Grande-Bretagne et de la France. Les Japonais ont utilisé la même méthode en Chine, en 1937. C'est le propre d'une guerre d'agression où l'on ne prévient pas d'une attaque, et où les civils n'ont pas le temps de se protéger.

Cependant, le risque d'un nouveau conflit n'a cessé de grandir depuis que Hitler a réarmé son pays sans susciter de réactions, sans doute dès 1933. Le 30 septembre 1938, avec les accords de Munich, Français et Anglais, effrayés à l'idée d'une nouvelle guerre, laissent les nazis prendre le contrôle de la Tchécoslovaquie. Comme ils les ont laissés annexer l'Autriche un an plus tôt sous prétexte de réunifier les minorités de langue allemande. Mais cette reculade ne sert à rien. Le déshonneur de Munich, devenu symbole de lâcheté diplomatique, n'empêche pas la guerre. Le 23 août 1939, l'Allemagne nazie et l'URSS communiste, qui sont pourtant des ennemis jurés, signent un pacte de non-agression mutuel qui permet à l'Allemagne d'envahir la Pologne en étant assurée que l'URSS ne réagira pas. Au contraire, celle-ci se sert également au passage, prétextant que la France et la Grande-Bretagne avaient laissé les mains libres à Hitler à Munich. Elle envahit l'autre partie de la Pologne, colonise les pays Baltes et attaque la Finlande. Staline et les dirigeants soviétiques ont une grande responsabilité dans le déclenchement immédiat d'une guerre dans laquelle l'URSS va perdre des millions de soldats et de civils.

*– La guerre est-elle tout de suite mondiale ? On a le sentiment que les alliances changent souvent.*

– Tu as raison. C'est l'une des difficultés pour expliquer cet événement. Dans ce conflit, les alliances se font et se défont au gré des intérêts nationaux, des circonstances, des rapports de forces. En 1939-1941, le conflit oppose, en Europe, l'Allemagne nazie et l'Italie, avec la complicité passive de l'URSS, à la France et surtout à la Grande-Bretagne. Les États-Unis ne veulent pas intervenir même s'ils accordent – contre paiement – une aide matérielle et financière aux adversaires de l'Axe. Mais Hitler a envahi la Pologne avec la certitude que la réaction serait de faible ampleur, un pari en partie gagné. Rien ne se passe ou très peu sur le front occidental. Français et Anglais n'attaquent pas la frontière allemande, ce qui aurait pu obliger les Allemands à se battre sur deux fronts. Dans les premiers mois de la guerre, on observe ainsi une situation étrange. À l'Est, l'Allemagne nazie lance une première forme de « guerre éclair », la *Blitzkrieg*, qui a tant frappé les imaginations. Utilisant les blindés et l'aviation en première ligne, suivis de l'infanterie, cette tactique vise à prendre l'adversaire par surprise, à enfoncer ses lignes sur quelques points névralgiques, et à jouer sur la vitesse et l'intensité de la puissance de feu, plus que sur la quantité d'hommes mobilisés. L'objectif est d'éviter de constituer un front trop étendu, comme en 1914, et donc une longue guerre de position. C'est aussi une tactique qui masque les faiblesses de l'Allemagne qui, contrairement à une légende ultérieure, n'a pas encore à ce moment-là l'armement nécessaire à ses folles ambitions. À l'ouest, il n'y a pas de combats, sauf en Norvège, au nord, à tel point qu'on parle de « drôle de guerre »…

– … *« Drôle de guerre » ? Quel drôle de mot pour parler de la guerre !*

– Oui, il vient de l'expression anglaise *phony war* que l'on peut traduire par « guerre bidon » et que certains ont retranscrite par *funny war*, « drôle de guerre ». Les Allemands parlent, eux, de *Sitzkrieg*, la guerre dans un fauteuil. C'est un contraste saisissant avec la situation en Pologne. La France et la Grande-Bretagne ont été contraintes par les nazis d'entrer en guerre. Au mieux, elles ne le souhaitaient pas tout de suite car elles ne se sentaient pas prêtes. Au pire, elles ne le voulaient pas du tout, à l'exception d'une minorité sans doute plus lucide sur les intentions réelles de Hitler : il allait de toute manière attaquer à l'Ouest pour avoir les mains libres sur l'ensemble du continent européen.

*– Et c'est bien ce qui s'est finalement passé, non ?*

– Oui, bien sûr, et il est évidemment plus facile de le comprendre après coup. Mais pour les gens de l'époque, il était très difficile d'accepter l'idée qu'une nouvelle guerre était inévitable. C'était vrai aussi bien pour les politiques et les généraux que pour un simple père de famille devant quitter femme et enfants pour se battre sans en comprendre complètement les raisons. Certes, la défense de la patrie contre un envahisseur est une motivation profonde, surtout s'il s'agit du même ennemi que l'on pensait avoir écrasé vingt ans plus tôt. Mais, entre septembre 1939 et mai 1940, ni le sol français ni, encore moins, le sol anglais ne sont directement menacés. Hitler constitue peut-être un danger, mais s'en prendre à la frontière occidentale de l'Allemagne signifie une attaque volontaire contre l'ennemi. Or la stratégie militaire française repose sur la défense de son territoire, à l'image de la ligne Maginot, une ligne de fortifications destinée à empêcher une invasion allemande par l'est et le nord-est. Sa diplomatie a tout fait pour éviter un nouveau conflit. Et le pays s'est divisé face à une telle éventualité.

– *Les Français et les Anglais croyaient-ils pouvoir malgré tout éviter le conflit ? Après tout, la Pologne, c'est loin de la France.*

– Pas tant que cela, et la parole donnée, ça compte. Mais on essaye de gagner du temps. Ni les chefs militaires ni les responsables politiques des deux pays ne veulent prendre l'initiative par peur d'être ensuite tenus responsables d'une possible hécatombe, comme en 14-18. Du coup, ce sont les Allemands qui tirent encore une fois les premiers. Le 10 mai 1940, ils lancent une grande offensive sur la Hollande, la Belgique et la France. Leur objectif n'est pas tant de conquérir des territoires que de neutraliser au plus vite deux pays qui vont, à terme, les empêcher de dominer le continent. Le succès n'est pourtant pas acquis, malgré la faiblesse politique dont Français et Anglais ont fait preuve depuis 1933. Contrairement à une idée longtemps reçue, il existe un certain équilibre entre forces en présence. L'Allemagne n'est pas cette formidable puissance si souvent décrite après 1940. Son état-major redoute l'armée française. Les adversaires de Hitler ont la suprématie sur les mers, la supériorité numérique des effectifs mobilisés – 5 millions de Français et 2 millions de Britanniques contre 5 à 6 millions d'Allemands – et du nombre de chars, l'une des armes décisives du conflit. En revanche, l'armée de l'air allemande, la Luftwaffe, est meilleure que celle de ses adversaires moins par le nombre d'appareils que par une certaine avance technologique, comme les Stukas, ces petits bombardiers qui attaquent en piqué, avec un bruit de sirène assourdissant : ils terrorisent les colonnes de civils en fuite sur les routes. Beaucoup d'historiens pensent ainsi que c'est moins les Allemands qui ont gagné la Bataille de France que les Français et les Anglais qui l'ont perdue.

– *Je ne comprends pas bien la différence...*

– Il existe là aussi une mythologie autour de la défaite de la France car ce grand pays, sur lequel une partie du monde compte pour freiner Hitler, s'est effondré brutalement. Le 13 mai 1940, les chars allemands franchissent la frontière à Sedan, dans les Ardennes. Six semaines plus tard, ils sont au sud de Lyon et au nord de Bordeaux. Le 17 juin, le maréchal Pétain, l'un des derniers grands chefs ayant conduit à la victoire de 1918, nommé quelques jours plus tôt à la tête d'un nouveau gouvernement, demande l'armistice, c'est-à-dire la cessation des hostilités, qui est signé cinq jours plus tard. Le monde découvre avec stupeur que l'Allemagne nazie a pu rapidement venir à bout de l'une des plus importantes puissances économiques et militaires du moment. Pourtant, cette victoire a été acquise par d'habiles coups tactiques et une certaine audace plus que par une stratégie très élaborée. Elle a bénéficié des erreurs stratégiques du commandement français. Celui-ci a cru à une répétition de 1914, n'a pas compris la nouveauté de la guerre de mouvement menée par l'aviation et les blindés allemands, n'a pas su se réorganiser après la première offensive. Les troupes alliées se sont battues sans ménagement : 60 000 morts et disparus côté français et 30 000 côté allemand. L'affrontement a été dur. Mais la France est écrasée. Presque 2 millions de soldats sont faits prisonniers. La grande majorité est envoyée de l'autre côté du Rhin et ne reverra son pays qu'en 1945. Plus de 8 millions de personnes ont fui la capitale et le nord du pays, se jetant sur les routes dans la panique la plus totale. C'est l'un des déplacements massifs de population parmi les plus importants de la guerre.

– *Et que font les Anglais ?*

– Ils parviennent à rapatrier chez eux une partie des troupes engagées en France et concentrées à Dunkerque. Mais le plus dur est à venir. Après avoir remporté deux victoires successives, en Pologne et en France, Hitler cherche à envahir la Grande-Bretagne, désormais son seul ennemi encore debout. Grâce à l'énergie d'un homme d'exception, le premier ministre Winston Churchill, le pays résiste aux attaques de l'aviation allemande. Celle-ci bombarde les villes anglaises ; c'est le *Blitz*, destiné à semer la terreur au sein de la population. Pendant près de soixante jours consécutifs, en septembre et en octobre 1940, Londres reçoit tous les jours des centaines de tonnes de bombes. Deux immeubles sur trois sont touchés. Au total, ces attaques ont fait 43 500 morts et une centaine de milliers de blessés. Mais cette manière de faire la guerre suscite chez les Anglais un véritable sursaut. Avec l'aide de troupes venues du Commonwealth, les anciennes colonies britanniques désormais plus ou moins autonomes, notamment des pilotes canadiens qui viennent renforcer la Royal Air Force, la résistance des Anglais permet de maintenir un territoire libre et combattant en Europe. Plusieurs gouvernements d'exil des pays vaincus et occupés rejoignent Londres pour continuer le combat. Ils viennent de Pologne, de Norvège, des Pays-Bas, de Belgique, de Tchécoslovaquie, sans oublier ce général inconnu qui a pris la tête d'une poignée de « Français libres », Charles de Gaulle.

*– Hitler n'est donc pas invincible. A-t-il commis une erreur en attaquant la Grande-Bretagne ?*

– Ce n'est pas une erreur mais un échec. En revanche, son allié italien, lui, multiplie les faux pas. Voulant lui aussi sa part de victoire, Mussolini cherche à étendre son influence en Afrique, vers l'Éthiopie et le Soudan, à partir de la Libye déjà sous son contrôle. Mais il est contré par les Britanniques et des troupes françaises, dirigées par le général Leclerc, ayant refusé l'autorité de Vichy. Cette partie de l'Afrique reste en effet dominée par la présence coloniale française et anglaise. Au début de l'année 1941, Hitler est obligé d'envoyer un corps expéditionnaire, l'*Afrikakorps*, conduit par Rommel, pour se battre sur ce nouveau front et stopper les Alliés. De même, Mussolini échoue, en novembre 1940, à occuper la Grèce, les Italiens contrôlant déjà l'Albanie. Il oblige les Allemands à occuper ce pays ainsi que la Yougoslavie, en avril 1941, qui a refusé de s'allier avec l'Allemagne nazie. Toute la région des Balkans est donc entrée dans le conflit. Or ces régions de l'Afrique et de l'Europe méridionale, de part et d'autre de la

Méditerranée, sont d'une grande importance. C'est par cette voie que la Grande-Bretagne peut notamment avoir accès à ses possessions en Asie, en particulier les Indes, grâce au contrôle qu'elle conserve sur l'Égypte et sur le canal de Suez. La région est aussi très riche en pétrole : l'Irak, l'Iran, comme aujourd'hui… Et le pétrole est vital dans une guerre mobile et mécanisée, où l'on consomme beaucoup d'essence. Au total cependant, au printemps 1941, l'Allemagne nazie a largement remporté la victoire sur le continent. Son adversaire anglais, pour l'instant seul à l'affronter, a résisté à une invasion, mais il est encore incapable de renverser la situation.

*– Mais alors, puisque Hitler est désormais vainqueur en Europe, qu'il a vaincu la France, son principal ennemi dans le passé, pourquoi la guerre a-t-elle continué ?*

– C'est terrible à dire, mais heureusement qu'elle a continué. Sinon, nous serions peut-être encore sous la botte de Hitler et de ses descendants ! L'obsession des nazis, c'est l'Union soviétique. D'abord, les deux pays, malgré l'accord de circonstance de 1939, sont des ennemis mortels. Le communisme, confondu dans une même haine que celle contre les juifs (les nazis parlent de « judéo-bolchevisme »), constitue l'une des figures de l'ennemi parmi les plus puissantes dans leur vision du monde. La lutte contre le communisme et contre l'URSS représente une véritable croisade idéologique, presque la raison d'être du nazisme. Il mobilise d'ailleurs autour de lui une armée « européenne » qui recrute des volontaires partout, y compris dans les pays occupés, et reçoit le soutien de pays amis, notamment la Roumanie et la Finlande qui veulent combattre leur puissant voisin. Ensuite, il n'y a pas de place sur le continent pour deux puissances totalitaires de ce calibre, qui ont désormais une frontière commune qui court du nord au sud de l'Europe. L'affrontement entre les deux est donc inévitable, d'autant que les Allemands convoitent les plaines agricoles de l'Ukraine et le bassin pétrolier du Caucase. Il y a enfin l'obsession de l'espace vital, le *Lebensraum*, une vieille idée du XIX^e siècle selon laquelle l'Allemagne ne peut se développer sur le plan démographique et territorial qu'en conquérant de nouveaux territoires au-delà de ses frontières orientales. Privée d'un empire colonial, elle doit constituer son propre empire en Europe en se débarrassant des « races » inférieures, les juifs, les Slaves, et quelques autres. Les nazis ont commencé cette entreprise d'extermination en Pologne, ils vont la poursuivre en URSS.

*– L'URSS, c'est la Russie. C'est grand. Comment les Allemands peuvent-ils espérer gagner contre un pays aussi vaste ?*

– L'URSS, c'est les Russes et beaucoup d'autres peuples, réunis plus ou moins de force sous un même drapeau. Les premières victoires faciles encouragent les nazis à adopter la même tactique de guerre éclair qu'à l'Ouest. Pourtant, le terrain est très différent car la ligne de front court de la mer Baltique à la mer Noire, sur près de 2 000 km ! On ne mène pas une guerre éclair sur une telle distance. Il y a là une démesure, une folie fanatique propre à la guerre nazie. Là encore, beaucoup d'historiens – et pas mal de contemporains de l'époque – pensent que le Reich a perdu ses chances de gagner la guerre en attaquant l'URSS, surtout de la manière dont il l'a fait.

Le 22 juin 1941, les armées allemandes attaquent à nouveau par surprise, en plusieurs points. Elles ont de la chance au début car les soldats de l'Armée rouge sont pris de court. Ils manquent de préparation. Et puis, tout en sachant que Hitler allait l'attaquer un jour ou l'autre, Staline a pensé pouvoir reculer l'échéance. L'URSS n'a pas les mêmes raisons que le III$^{e}$ Reich et ses alliés de déclencher une guerre d'envergure en Europe car elle a pu exercer sa domination impérialiste à moindres frais, notamment grâce à l'accord avec l'Allemagne nazie de 1939.

La confrontation qui débute alors est l'une des plus meurtrières de la Seconde Guerre mondiale, et peut-être même de l'histoire de la guerre depuis les temps les plus anciens. La Wehrmacht et ses alliés mobilisent 3,6 millions d'hommes contre 2,9 millions pour l'Armée rouge. Elle est moins bien équipée mais ses divisions blindées sont plus mobiles. Dans la deuxième moitié de l'année 1941, elle parvient à pénétrer assez profondément en territoire soviétique. Le 8 septembre 1941, elle atteint Leningrad (Saint-Pétersbourg), la grande ville du nord. Mais celle-ci ne tombe pas, et restera assiégée durant 900 jours, jusqu'en 1944, causant la perte de plus d'un million de personnes, la plupart mortes de faim. En décembre 1941, les Allemands se sont approchés de Moscou, la capitale, située à plus de 1 800 km de Berlin, mais ils ne parviennent pas non plus à la prendre. Au début de l'année 1942, ils avancent en revanche dans le sud du pays, vers la mer Noire et le Caucase.

– *Rien ne peut donc arrêter les armées allemandes ?*

– Elles remportent au début une série de victoires incontestables, mais ce sont des succès fragiles et provisoires. D'abord, l'URSS ne s'effondre pas. Contrairement à la France, elle mobilise toutes ses forces pour résister à l'envahisseur. De toute manière, les Soviétiques n'ont pas le choix qu'ont eu les Français. Ils ont très vite compris que les nazis mènent sur leur sol une guerre visant à les faire disparaître en tant que peuple et en tant que nation. C'est une guerre à mort. Même si elle rencontre quelques soutiens parmi des populations qui ont été martyrisées par la politique de Staline, notamment dans les pays Baltes et en Ukraine, la politique de terreur nazie suscite un très fort sentiment national chez les peuples soviétiques. Ces derniers se battent désormais pour leur survie, dans le cadre d'une « grande guerre patriotique », avec des souffrances et des sacrifices inimaginables pour nous, aujourd'hui. Il est vrai que la police politique veille aussi à limiter les désertions, y compris par des exécutions : on estime à 14 000 le nombre de soldats fusillés entre août et octobre 1942, à la suite d'un ordre de Staline intitulé « Plus un pas en arrière ! ». Mais le sentiment patriotique est plus fort que la peur. Les Allemands se retrouvent ainsi en territoire hostile, loin de leurs bases, menacés par des groupes de partisans armés sur leurs arrières. Ils ont rapidement du mal à se ravitailler, à trouver de l'essence pour les chars et les camions. Le froid de l'hiver 1941-1942 est dévastateur pour les hommes comme pour les machines : les doigts gèlent, les moteurs aussi. De même, le dégel du printemps 1942 crée des conditions impossibles à cause de la boue dans laquelle s'enlisent les véhicules blindés. En six mois de campagne, la Wehrmacht, certes globalement victorieuse, a perdu près d'un million d'hommes, presque le tiers de ses effectifs.

Ce nouveau front à l'Est a surtout changé la nature du conflit. Ce n'est plus une guerre courte, de mouvement – ce que montrent souvent les images de la propagande nazie pour rassurer les Allemands –, mais bien une guerre longue, de position, très meurtrière de part et d'autre. Et ce n'est plus une guerre européenne, mais bien le début d'une véritable guerre mondiale, car les Anglais et les Américains ont fait preuve d'une certaine solidarité envers l'URSS. Cette fois, ils sont convaincus que mieux vaut Staline que Hitler.

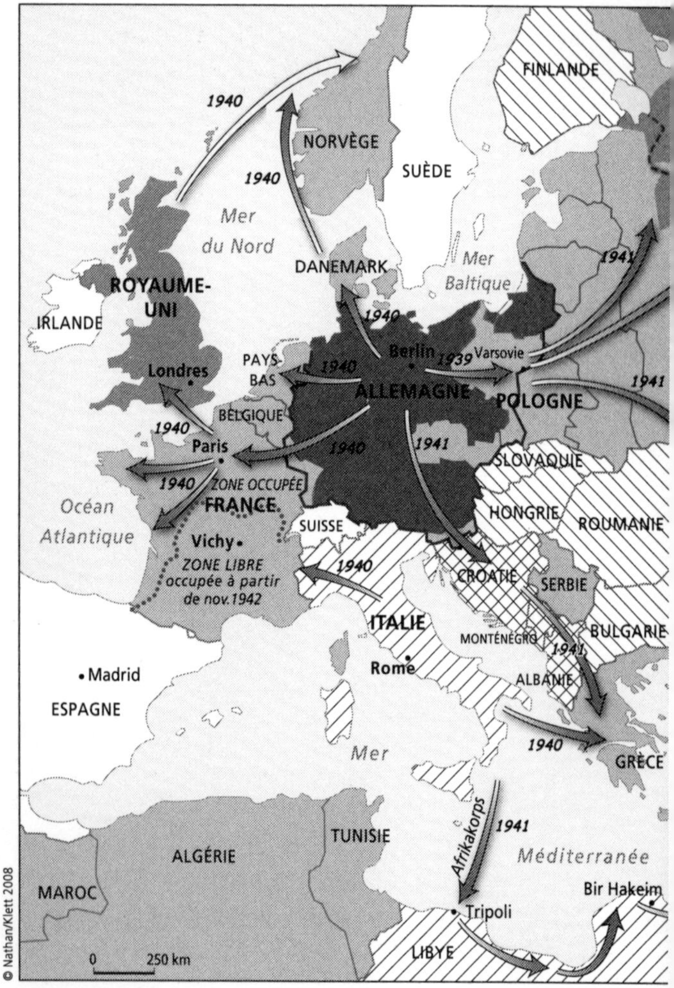


Les victoires de l'Allemagne (1939-1942)

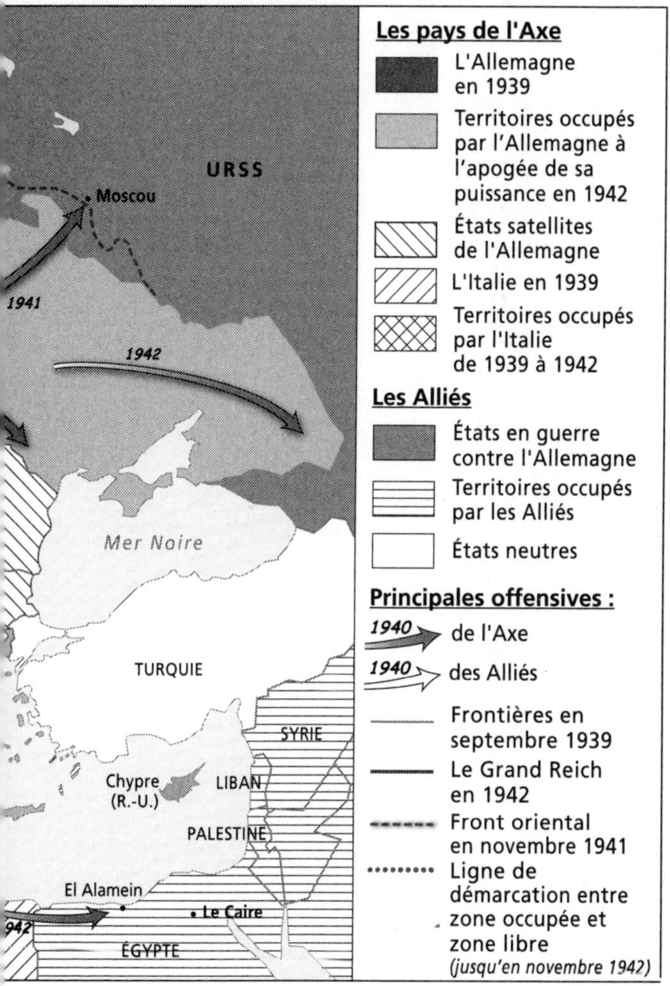
URSS
Moscou
1941
1942
Mer Noire
TURQUIE
SYRIE
Chypre
(R.-U.)
LIBAN
PALESTINE
El Alamein
Le Caire
ÉGYPTE
Les pays de l'Axe
L'Allemagne en 1939
Territoires occupés par l'Allemagne à l'apogée de sa puissance en 1942
États satellites de l'Allemagne
L'Italie en 1939
Territoires occupés par l'Italie de 1939 à 1942
Les Alliés
États en guerre contre l'Allemagne
Territoires occupés par les Alliés
États neutres
Principales offensives :
1940 de l'Axe
1940 des Alliés
Frontières en septembre 1939
Le Grand Reich en 1942
Front oriental en novembre 1941
Ligne de démarcation entre zone occupée et zone libre
(jusqu'en novembre 1942)

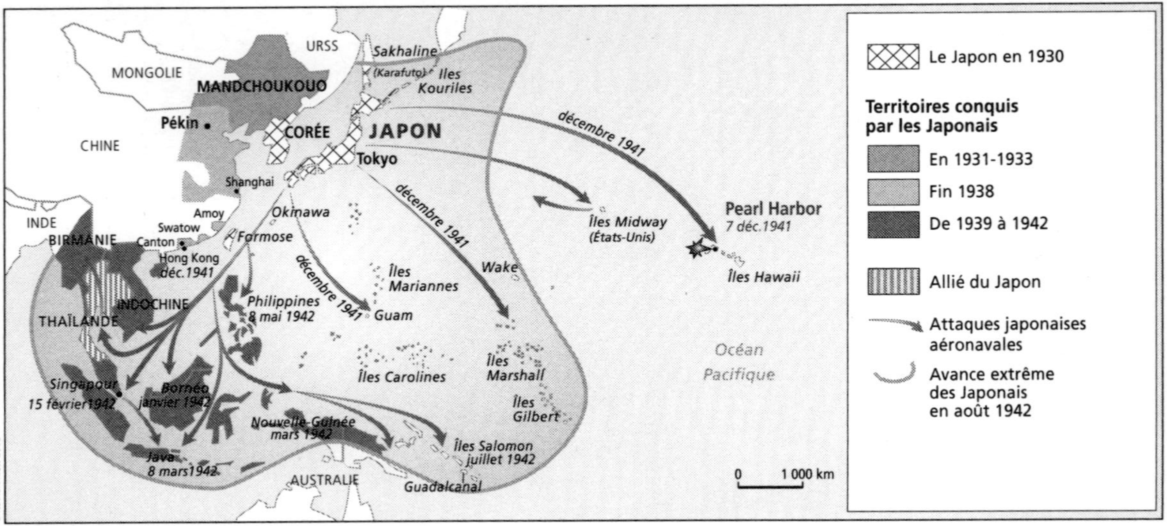



L'expansion japonaise dans le Pacifique (1931-1942)

## Chapitre 3

# UNE GUERRE MONDIALE

– *Pourtant les Américains ne sont pas en guerre. Pourquoi aident-ils l'URSS alors qu'ils ont peur du communisme, comme tous les pays capitalistes ?*

– Parce que la situation a complètement changé. Rappelle-toi que l'on a parlé auparavant du Japon et de la guerre qu'il mène en Chine, depuis 1937. En réalité, ce pays a des ambitions bien plus grandes. La propagande officielle appelle cela en langage fleuri : « la Sphère de Coprospérité de la Grande Asie orientale », comme si les bénéfices de la conquête étaient partagés par les populations conquises ! Au lendemain de la défaite de la France, en 1940-1941, le Japon étend son influence sur l'Indochine, une colonie française riche en ressources, et une région stratégique entre l'océan Indien et l'océan Pacifique. Cette avancée inquiète les États-Unis qui instaurent, en 1941, un embargo, c'est-à-dire une interdiction et un blocage des livraisons de pétrole et de métaux, indispensables à une économie de guerre, à destination du Japon. Ils espèrent que ces mesures seront dissuasives. Mais le Japon choisit la guerre. Le 7 décembre 1941, son aviation détruit par surprise une partie de la flotte américaine à Pearl Harbor, dans l'archipel des îles Hawaii, un territoire américain au milieu du Pacifique, à des milliers de kilomètres à la fois des côtes américaines et des côtes japonaises. Le choc de cette agression est considérable. Les États-Unis, qui pensaient pouvoir rester en marge du conflit, isolés du reste du monde, y sont maintenant entièrement impliqués. Ils doivent réagir avec fermeté après un désastre initial qui a causé la mort de près de 1 200 marins.

*– Mais pourquoi aller se battre en pleine mer, si loin des terres ? Qu'y a-t-il à prendre ? Et quel est le rapport avec ce qui se passe en Europe ?*

– La guerre dans le Pacifique et la guerre en Europe sont étroitement liées parce que l'Allemagne et le Japon ont désormais des ennemis communs : l'URSS et les États-Unis. Les Soviétiques aussi ont tenté de limiter l'expansionnisme japonais, sur la frontière mandchoue. De même, après Pearl Harbor, les États-Unis ont déclaré la guerre à la fois au Japon et à l'Allemagne. Cela dit, la situation géographique est très différente entre les deux théâtres d'opérations. L'Allemagne est un grand pays au cœur du continent européen qui cherche à étendre son « espace vital » vers l'est. Le Japon est un archipel surpeuplé qui veut dominer à la fois la partie orientale du continent asiatique et la partie occidentale de l'océan Pacifique. Il a donc besoin d'avoir les mains libres sur les mers, seul moyen de transporter des armes, des troupes, des ressources. D'où l'attaque sur la flotte américaine qui pouvait contrecarrer son ambition.

À compter de 1942, le Japon conquiert ainsi une vaste zone comprenant plusieurs grands archipels riches en ressources agricoles, minières et pétrolières : une partie de la Birmanie et Singapour, alors sous domination britannique, l'Indonésie, sous domination hollandaise, les Philippines, sous contrôle américain. Son influence s'étend donc, à son maximum, à l'ouest jusqu'aux frontières de l'Inde, et au sud jusqu'aux abords du continent australien. C'est un véritable empire, sans commune mesure avec la taille du pays, fondé sur la maîtrise des mers et du ciel. Cet empire menace désormais directement l'Empire britannique et même la côte Ouest des États-Unis : le 23 février 1942, un petit sous-marin japonais parvient à bombarder une raffinerie de pétrole près de Santa Barbara, créant un vent de panique dans l'opinion, malgré l'absence de dommages réels. Ce sera la seule et unique fois que le territoire américain verra, de loin, l'ennemi. Les Japonais utilisent l'argument de la lutte contre le colonialisme occidental pour s'attirer des sympathies parmi les populations tombées sous leur tyrannie. Cette guerre est donc devenue réellement mondiale. La prophétie du général de Gaulle dans son célèbre appel du 18 juin s'est révélée exacte. Et cette mondialisation est bien différente de celle de 14-18, puisque les combats se déroulent sur quatre continents : l'Europe, l'Afrique, l'Asie, l'Océanie et en impliquent un cinquième, les Amériques.

*– Mais alors les camps en présence ont encore une fois changé ?*

– Oui, mais à partir du début de l'année 1942, ils vont rester relativement stables jusqu'à la fin de la guerre, à quelques exceptions près. D'un côté, les puissances de l'Axe comprennent désormais l'Allemagne, l'Italie, le Japon, la Roumanie, la Hongrie, la Bulgarie, la Slovaquie et des pays « amis » qui aident le III^e^ Reich comme la Finlande, la Croatie et… la France de Vichy. De l'autre, c'est une très vaste coalition qui se forme sous l'impulsion des États-Unis, de la Grande-Bretagne et de l'URSS. Elle prend le nom de « Nations unies », terme inventé par Franklin D. Roosevelt, le président des États-Unis. Elle comprend à l'origine, en plus des « trois grands », auxquels il faut ajouter la Chine, 22 autres pays, dont les 5 dominions britanniques, les anciennes colonies semi-autonomes (Canada, Australie, Nouvelle-Zélande, Inde, Afrique du Sud), 8 États européens dont le territoire est occupé par les nazis et représentés par des gouvernements en exil (Belgique, Pays-Bas, Tchécoslovaquie, Grèce, Luxembourg, Norvège, Pologne, Yougoslavie), ainsi que

9 États d'Amérique latine (Costa Rica, Cuba, République dominicaine, San Salvador, Guatemala, Haïti, Honduras, Nicaragua, Panama). Viennent s'y ajouter par la suite 9 autres pays (Mexique, Bolivie, Brésil, Éthiopie, Liberia, Irak, Iran, Philippines – ainsi que la France, admise très tardivement, en janvier 1945, après la libération du pays). Au total, à la fin de la guerre, 51 pays ont signé la Charte des Nations unies. C'est une alliance internationale sans précédent dans l'histoire, qui a donné naissance, en 1945, à l'Organisation des Nations unies, l'ONU, qui joue depuis lors un rôle important dans les relations entre pays. Malgré leurs différences historiques, géographiques, politiques, ces pays se sont coalisés pour défendre leurs intérêts vitaux, mais aussi autour de quelques grands principes qui vont permettre d'abord de fixer des buts de guerre communs, ensuite de créer une nouvelle forme de communauté internationale.

*– Qu'est-ce qu'un « but de guerre », une expression que tu emploies souvent ? Quand on fait la guerre, c'est pour la gagner, non ?*

– Tu as en partie raison. Mais la guerre n'est pas un match de basket. Bien sûr que la victoire est l'objectif ultime. Cependant, une fois déclenché, le processus devient très difficile à maîtriser. Il vaut donc mieux au départ savoir ce que l'on cherche. La « victoire » peut revêtir plusieurs sens : se défendre, faire reculer l'adversaire, le contraindre à négocier la fin des combats, détruire son armée, conquérir son territoire, voire exterminer sa population – ce que font les Allemands et les Japonais. En 1942, les Alliés se fixent un objectif général somme toute assez clair, même s'il a donné lieu à de très nombreuses négociations dans le détail entre Roosevelt, Churchill et Staline. C'est en effet le sort de la planète tout entière, et en particulier de l'Europe où se déroule l'affrontement le plus brutal, que ces hommes ont entre leurs mains. Malgré leurs différences, malgré une alliance par certains aspects contre nature – il y a un univers entre Roosevelt, le démocrate qui a sauvé son pays de la Grande Dépression après 1929, et Staline, le responsable de la mort de millions de personnes depuis les années 1930 –, ils se mettent d'accord pour exiger de l'Allemagne et du Japon, leurs deux principaux adversaires, une capitulation sans condition. Aucune paix séparée ne sera possible, aucune négociation ne sera admise. L'ennemi devra se rendre complètement, sinon il sera détruit, terme qu'il faut prendre au pied de la lettre. En outre, devant l'ampleur des pillages, des déportations, des massacres commis par les nazis partout en Europe, dont ils commencent à prendre conscience, les Alliés décident que les principaux « criminels de guerre » devront rendre des comptes devant la justice, sans que l'on sache tout de suite de quelle manière. C'est une idée qui avait germé après 1919 mais sans réelle possibilité d'application : le principe de souveraineté – chaque pays est maître chez soi, y compris s'il abrite des soldats ou des officiers qui ont commis des crimes durant la guerre – reste encore très puissant. À compter de 1942-1943, le châtiment futur des crimes commis par les puissances de l'Axe devient l'une des raisons de la guerre, ce qui renforce l'idée que la seule issue possible sera leur reddition ou leur destruction : on ne discute pas avec un ennemi que l'on considère comme un criminel.

Chapitre 4

# DES CRIMES DE MASSE

– *Qu'est-ce qu'un crime durant une guerre ? Pourquoi parle-t-on souvent à propos des nazis de crimes de guerre ou de crimes contre l'humanité ?*

– Ce sont des notions juridiques forgées au XX^e^ siècle, notamment après 1945, mais qui reprennent une idée ancienne, née avec les terribles guerres de religion des XVI^e^ et XVII^e^ siècles. Elles prétendent mettre un peu de raison et d'humanité dans le chaos de la guerre, moment où se déchaînent les passions les plus extrêmes. Elles cherchent à distinguer la violence propre à la guerre et celle visant d'autres objectifs. Sur un champ de bataille, un soldat est non seulement autorisé à neutraliser ou à tuer un soldat ennemi, mais c'est son devoir de le faire. En revanche, le tuer lorsque celui-ci a été fait prisonnier et qu'il ne constitue plus une menace est un crime, un crime de guerre. De même, tuer tous les habitants du village, en territoire ennemi, où ce soldat s'était abrité constitue un crime de guerre encore plus grave. Vouloir faire disparaître toute une population s'appelle un génocide, le plus grave des crimes contre l'humanité. Ces termes, aujourd'hui entrés dans le langage courant, ont été inventés d'abord pour qualifier les actes commis durant la Seconde Guerre mondiale.

Jamais autant de personnes n'avaient été tuées volontairement en si peu de temps sans autre raison que leur nationalité, leur religion, leur ethnie. Cette violence de masse sans précédent dans l'histoire explose souvent dans des régions déjà martyrisées avant le conflit. La guerre ne fait qu'aggraver la situation car elle isole ces populations, elle les laisse sans aucune protection, loin du regard par exemple de la presse internationale ou d'organisations humanitaires comme la Croix-Rouge. Près de 14 millions de civils, toutes raisons et toutes nationalités confondues, ont été massacrés entre 1933 et 1945 dans les « terres de sang », cette partie du continent européen qui s'étend de la mer Baltique à la mer Noire. Parmi elles, on compte près de 4 millions de personnes mortes à cause de la famine en Ukraine, organisée par Staline au début des années 1930. La violence spécifique du nazisme en guerre va s'abattre à nouveau sur ces régions. La moitié des juifs européens assassinés durant la guerre y a été massacrée dans des fusillades de masse. Rarement un espace relativement restreint a connu des massacres d'une telle ampleur et sur une période aussi brève.

– *Tous ces gens ont été tués par les nazis ?*

– Les nazis ne sont ni les premiers ni les seuls à pratiquer des crimes à grande échelle pour assouvir leurs désirs de conquête et leur folie raciste. Leurs alliés japonais les ont précédés de quelques années. Entre 1937 et 1945, ils ont pratiqué une politique de terreur systématique dans leur prétendue zone de « coprospérité » qui compte près de 400 millions de personnes. Ils l'ont fait en considérant leurs victimes, que ce soient les Chinois ou les Coréens, que ce soient les prisonniers de guerre britanniques ou américains, comme des membres de races inférieures, sur lesquelles ils pouvaient exercer un droit de vie et de mort. La guerre du Pacifique a elle aussi une forte dimension raciste, d'autant que les Américains vont considérer à leur tour qu'ils ont été attaqués par un peuple « inférieur ». Tout au long de la guerre, ils parlent de leurs adversaires comme de « sauvages », des *yellow monkeys* (singes jaunes). Le 22 mai 1944, le grand magazine populaire américain, *Life*, publie en couverture la photo d'une jeune femme regardant sur son bureau le crâne d'un soldat japonais que lui a envoyé son fiancé, mobilisé dans le Pacifique, en guise de souvenir. C'est dire le degré de cruauté, de violence, de barbarie qui règne alors dans les zones de combat, une violence qui est en partie acceptée par ceux qui ne combattent pas, comme cette jeune femme qui sourit sur la photo, pas du tout horrifiée par ce bibelot peu banal.

Mais cela n'est rien en comparaison de la violence contre les civils et les prisonniers de guerre que déploient les Japonais dans les territoires qu'ils contrôlent. Ils pratiquent en Corée et ailleurs des « naturalisations forcées », obligeant une partie des habitants à adopter la langue et la culture japonaises. Ils pillent les ressources vitales : la Corée fournit au Japon plus de la moitié de sa consommation de riz. Chinois, Coréens, Indonésiens et autres sont enrôlés de force pour travailler dans les mines ou servir dans l'armée. Près de 200 000 femmes, venues également pour la plupart de Corée ou de Chine, ont été, des années durant, des « femmes de réconfort », des prostituées esclaves au service de l'armée japonaise – un crime sans équivalent dont on n'a révélé l'ampleur que dans les années 1990. Parmi les pires exactions jamais commises par les militaires japonais, il faut mentionner l'une des premières expériences d'armes biologiques dans l'histoire, c'est-à-dire la mise au point et la diffusion de virus ou de bactéries. L'« unité 731 », dont on ne connaît les activités que depuis peu, a causé la mort de près de 9 000 Chinois, Coréens, prisonniers de guerre qui ont servi de cobayes humains dans des expériences médicales. Plusieurs dizaines de milliers de personnes ont également été victimes de la diffusion dans certaines régions chinoises du bacille de la peste bubonique, une maladie terriblement mortelle et contagieuse.

Les dirigeants soviétiques ont commis eux aussi de très nombreux crimes de masse avant et pendant la guerre. Ils massacrent entre 1939 et 1941 près de 25 000 Polonais, pour moitié des civils, pour moitié des militaires. En avril 1940, ils abattent, par exemple, de sang-froid, d'une balle dans la nuque, dans la forêt de Katyn, près de 4 500 officiers. Ils feront croire, sans être contredits par les Américains et les Anglais, qu'il s'agit d'un crime nazi avant d'en accepter officiellement la responsabilité un demi-siècle plus tard. De même, près de 440 000 Polonais ont été condamnés ou déportés au Goulag, le système des camps soviétiques. Un sur dix y a laissé la vie.

– *Pourquoi est-ce qu'on parle alors plus souvent des crimes nazis ?*

– Parce qu'ils sont mieux connus, même à l'époque. Les Alliés sont au courant, presque dès le début, d'une partie des crimes commis contre les juifs : les fusillades, les déportations se font au vu et au su de tout le monde. Seule la situation dans les camps d'extermination reste plus longtemps dissimulée. Ils ne vont pas intervenir car ils estiment qu'il faut se concentrer sur l'action militaire – détruire les usines, les trains de soldats, les entrepôts de munitions plutôt que les camps –, mais aussi parce qu'ils ne savent pas quoi faire, ni comment sauver ces millions de personnes sur un continent qui leur est inaccessible pour l'instant. Il y a aussi d'autres raisons, moins nobles, comme des relents d'antisémitisme. En revanche, les crimes soviétiques, ceux d'avant la guerre comme ceux qui ont eu lieu pendant, sont restés longtemps ignorés, ou plutôt minorés en Occident. Après 1941, Staline a bénéficié du silence des Anglo-Américains, qui ne veulent pas embarrasser leur puissant allié. Et après la guerre, les partis communistes fidèles à l'URSS ont longtemps contribué à entretenir les mensonges sur la terreur bolchevique.

Cela étant, les crimes nazis ont des traits singuliers, en particulier la Shoah. En quelques années, le IIIe Reich est parvenu à instaurer en Europe un ordre nouveau fondé sur la terreur généralisée, la mise en esclavage de catégories entières, la destruction de certaines cultures. Cette violence n'a pas été le fait de « barbares » sous-développés mais d'une faction politique, parvenue légalement au pouvoir en Allemagne, dans un pays moderne, industriel, urbain, un lieu de culture et d'intelligence. Cette situation a été acceptée, voire soutenue, par une large partie du peuple, des élites, de l'armée. Il y a là une forme de paroxysme dans la destruction et la mort en masse dans l'histoire du XX$^{e}$ siècle qui a donné un caractère unique au nazisme et à la Seconde Guerre mondiale.

– *Mais qu'ont-ils fait exactement ?*

– Un gigantesque appareil policier dirigé par Himmler, le chef de la SS, le deuxième personnage le plus important du Reich après Hitler, se déploie partout en Europe, parallèlement aux structures militaires ou civiles d'occupation. On l'appelle le *Sipo-SD*, la police et le service de sécurité, plus connu sous le nom de Gestapo. Cet appareil de répression, organisé comme un véritable État dans l'État, contrôlé par la SS, le corps d'« élite » nazi, a en charge une partie de la répression contre les résistants et les opposants, et la persécution des juifs. Cela se traduit notamment par la mise en place d'un gigantesque système concentrationnaire, c'est-à-dire des camps où les gens sont enfermés derrières des barbelés, souvent tués pour une vétille, obligés de travailler jusqu'à l'épuisement, mal protégés du froid ou de la chaleur, affamés délibérément.

Dans l'Europe nazie, il faut cependant distinguer les camps de concentration et les camps d'extermination. Les premiers ont été créés dès avant la guerre. On y a envoyé les opposants allemands. Après 1939, on y déporte par millions les résistants de pays occupés, les civils capturés à titre d'otages en représailles des actions commises contre les troupes allemandes, des homosexuels venus du territoire du Reich, des Tsiganes, des Témoins de Jéhovah, des personnes désignées comme « asociales », ou encore des prisonniers de droit commun. On a pu compter au total près de 20 000 camps dont les plus importants sont Buchenwald, Dachau, Sachsenhausen, Ravensbrück, Mauthausen, Dora, etc., installés sur le territoire du Reich. Ce sont souvent des camps de travail forcé qui ont joué un rôle important dans la machine de guerre nazie, avec des taux de mortalité considérables puisque les chances de survie étaient faibles : un million de détenus sont morts dans ces camps. Les « camps d'extermination » sont, eux, des camps destinés à assassiner de sang-froid des populations entières, souvent dès leur arrivée. Ils ont servi dans le cadre de la « solution finale », c'est-à-dire l'extermination systématique de tous les juifs d'Europe qui étaient sous le contrôle des nazis et de leurs alliés, à compter de la fin 1941. On parle ainsi parfois de « centres de mise à mort » pour évoquer Treblinka, Sobibor, Majdanek, Chelmno, Belzec, Auschwitz-Birkenau, tous situés sur le territoire polonais annexé par l'Allemagne. Au total, on estime qu'environ 5 à 6 millions de juifs sont morts durant la Seconde Guerre mondiale à cause de cette politique génocidaire que l'on appelle « Shoah », du mot hébreu « catastrophe », ou « Holocauste ».

– *Mais quel est le rapport entre la guerre et l'extermination des juifs ? Pourquoi toute cette énergie pour tuer des civils innocents ?*

– C'est une question qui obsède la conscience collective des Européens, et notamment des Allemands depuis 1945. L'antisémitisme des nazis, celui de tous ceux parmi les peuples eux-mêmes occupés qui les ont aidés à persécuter et à tuer les juifs en masse ont des racines qui remontent loin dans le temps. Mais c'est la première fois que l'antisémitisme d'un État débouche sur un tel massacre. Il a fait quasiment disparaître la langue et la culture *yiddish* des juifs d'Europe centrale. Or ce génocide, comme celui des Arméniens par les Turcs, en 1915, un crime que ces derniers n'ont jamais reconnu, n'a pu être possible que grâce à la situation de guerre. Il est même la conséquence de l'évolution du conflit. Avant 1939, les nazis ont eu le projet d'exclure les juifs allemands ou autrichiens, pas de les tuer, et ont commencé à les expulser d'Allemagne et d'Autriche. Après la conquête de la Pologne où se trouve une grande partie des juifs d'Europe centrale, ils isolent et enferment les juifs polonais dans des ghettos, comme à Lodz ou à Varsovie, où ils vont mourir de faim. En juin 1941, le début de l'offensive contre l'URSS inaugure une nouvelle étape. Désormais, assimilant les juifs et les bolcheviks, ils détruisent systématiquement les communautés juives de Biélorussie ou d'Ukraine. À Babi Yar, près de Kiev, les 29 et 30 septembre 1941, en deux jours, des unités spéciales de tueurs, les

*Einsatzgruppen*, abattent de sang-froid, au fusil et à la mitrailleuse, près de 34 000 personnes, hommes, femmes, enfants, avec la collaboration de milices ukrainiennes. De la même manière, ils exécutent les cadres communistes et tous ceux qu'ils soupçonnent de vouloir s'opposer à eux.

Contrairement à un certain discours officiel des milieux conservateurs allemands d'après-guerre, la SS et la Wehrmacht, les fanatiques nazis et les officiers prétendument « corrects », ont travaillé ensemble malgré leurs rivalités. Ils sont conjointement responsables de la plupart des grands crimes de masse commis dans l'Europe occupée. À compter de la fin 1941, les difficultés rencontrées sur le front de l'Est ou le fait que les États-Unis entrent en guerre – les historiens sont divisés sur ce point – ouvrent l'étape de la « solution finale » proprement dite, c'est-à-dire le meurtre organisé de tous les juifs européens, à l'Est comme à l'Ouest.

Enfin, cette politique d'extermination n'a pas détourné le Reich de ses objectifs militaires, contrairement à une légende tenace. Elle permet d'économiser la fourniture de vivres, de vêtements, de chauffage. Elle facilite un pillage démesuré. La Shoah est une entreprise de vol organisé à l'échelle de tout un continent : immeubles, tableaux, mobilier, garde-robes, argent liquide, usines, boutiques. Lorsqu'une famille juive est arrêtée à Paris, à Prague ou à Kiev, tous ses biens, même s'ils sont modestes, sont souvent volés par les SS, leurs collaborateurs ou les voisins. De même, une partie des juifs promis à la mort a été mise au travail forcé, faisant fonctionner avec d'autres détenus certaines usines stratégiques : à Dora, où l'on fabrique les fameux missiles V2, les premières fusées ; à Auschwitz III, Monowitz, où l'on construit une usine de « buna », un caoutchouc synthétique. Enfin, à aucun moment les convois de déportation qui transportent les juifs arrêtés partout en Europe n'ont privé la Wehrmacht du moindre transport de troupes ou de munitions : à l'échelle de tous les trains qui circulent à l'époque dans l'Europe occupée, ils ont représenté une goutte d'eau. Le génocide des juifs est donc un élément essentiel pour comprendre la guerre menée par l'Allemagne. Il ne faut surtout pas le considérer comme une histoire à part, distincte de celle de la guerre en général.

– *Est-ce que les nazis ont traité tout le monde de la même manière ?*

– Non, les nazis croient véritablement à la division du monde en races inégales. À la mi-1942, ils occupent un territoire immense, des côtes atlantiques aux portes de Moscou, de la mer du Nord à la Méditerranée. Mais tous les peuples ne connaissent pas le même sort. Outre les juifs – qui ne sont pas une « race », ni même une ethnie, mais un groupe culturel et religieux –, ils manifestent une haine particulière envers les peuples d'origine slave. En 1939-1940, lorsqu'ils envahissent la Pologne, ils ne cherchent pas uniquement à récupérer des territoires perdus en 1918. Ils veulent désintégrer la société polonaise. Ils ferment les écoles, brûlent les bibliothèques, exécutent des professeurs d'université, des écrivains, des officiers, des prêtres. À la fin de la guerre, les victimes civiles en Pologne s'élèvent à près de 3 millions, auxquelles il faut ajouter près de 3 millions de juifs polonais exterminés dans le cadre de la Shoah, pour environ 120 000 morts parmi les combattants. Ce bilan terrible, dans lequel l'URSS a une part, montre que la guerre menée en Pologne a été une entreprise d'extermination nationale, à tel point que l'on a forgé un nouveau mot à l'époque, la « polonisation », pour décrire la manière dont les nazis entendaient asservir les pays vaincus.

D'autres pays d'Europe centrale subissent un sort comparable, comme la Yougoslavie, où la guerre fait plus d'un million de victimes, la Tchécoslovaquie, ou encore les territoires occupés de l'URSS. L'un des plus grands crimes nazis, après le génocide des juifs, a été l'extermination des prisonniers de guerre soviétiques : entre 3 et 4 millions sont morts en captivité, dont un demi-million assassinés dans les camps de concentration nazis, les autres étant victimes de la famine et de mauvais traitements. C'est un sort spécifique que n'ont pas connu, par exemple, les prisonniers de guerre français : la plupart des 1,5 million de captifs envoyés dans des Stalags, les camps pour simples soldats, et des Oflags, les camps pour officiers, ont survécu même si tous ont été obligés de travailler dans les usines de guerre ou les fermes allemandes.

En revanche, au Danemark, en Norvège ou en Hollande, pays considérés par les nazis comme de « race aryenne », ils ont surtout cherché à neutraliser toute résistance sur leurs arrières, car ils considèrent que la guerre est provisoirement terminée dans cette partie du continent.

Vis-à-vis de la France, ils vont adopter une attitude ambivalente. D'un côté, ils prennent leur revanche sur 1918, sur l'ennemi héréditaire. L'armistice coupe le pays en deux zones principales séparées par une ligne de démarcation qui devient une véritable frontière intérieure. Elle gêne considérablement la vie de tous les jours et l'administration du pays. Le Reich impose aussi de très lourds frais d'occupation qui vont ruiner en partie l'économie française. Il réprime également toute opposition : un jeune ingénieur de 28 ans, Jacques Bonsergent, est exécuté dans le bois de Vincennes, en décembre 1940, pour avoir été mêlé à une simple bousculade avec des soldats allemands. Au total, les occupants ont fusillé environ 800 otages, ils ont déporté par mesure de répression, dans des camps de concentration, près de 90 000 personnes, dont plus d'un tiers n'a pas survécu. Ils ont déporté également, avec la complicité du gouvernement de Vichy, près de 76 000 juifs, la plupart étrangers, dont plus de neuf sur dix sont morts à Auschwitz et les autres à Sobibor, Majdanek et dans d'autres camps. Mais aussi terrible que ce bilan puisse paraître, il est sans commune mesure avec les massacres de masse commis en Europe centrale et orientale. Les nouveaux occupants veulent surtout exploiter le potentiel économique de la France. Ils laissent au nouveau régime qui s'est mis en place après la défaite une illusion de souveraineté et une certaine marge de manœuvre. Ils épargnent la flotte française qui se trouve à Toulon et qui n'a pas rejoint un port anglais pour continuer la guerre. Ils laissent aux Français la maîtrise de leurs colonies en Afrique, dont une partie passe dans le camp du général de Gaulle. Ce dernier ne reconnaît pas l'autorité de Vichy, qu'il dénonce comme un gouvernement de trahison.

Chapitre 5

# COLLABORER, RÉSISTER, SURVIVRE

– *Pourquoi des gouvernements de pays occupés ont-ils accepté d'aider les nazis, leurs ennemis ? Ce sont des traîtres ?*

– C'est l'une des questions les plus sensibles. La Seconde Guerre mondiale n'est pas uniquement un affrontement entre nations mais un combat entre des visions du monde concurrentes : celle des démocraties capitalistes, du communisme soviétique et des régimes autoritaires et totalitaires, nationalistes et racistes qui entendent dominer par la violence extrême l'Europe ou l'Asie. Or ces idéologies ont profondément divisé certaines démocraties avant la guerre – un phénomène que l'on ne rencontre ni dans l'Allemagne nazie ni en URSS où les libertés n'existent plus. En France, on compte par exemple des adversaires et des partisans du fascisme, comme des ennemis et des soutiens du communisme. Même aux États-Unis, il existe une minorité favorable aux idées de Hitler parmi les antisémites et les racistes qui défendent la ségrégation envers les Noirs et la suprématie blanche.

Durant le conflit, les occupants nazis trouvent ainsi dans les pays conquis des partisans prêts à les aider. Ce phénomène général, dont on a longtemps sous-estimé l'ampleur, s'appelle la « collaboration ». Bien sûr, les vaincus n'ont pas toujours d'autre choix que de coopérer avec les vainqueurs. Pour trouver de la nourriture qui manque partout, pour trouver du travail, pour obtenir des laissez-passer, ou simplement éviter les ennuis, les gens ordinaires sont obligés d'être au contact des occupants. Ils ont dû, de longues années durant, vivre au quotidien avec l'ennemi, parler sa langue, accepter son argent, se réveiller et se coucher à l'heure de Berlin, parfois de Tokyo. Ils tissent aussi des liens d'amitié, des relations amoureuses, et font même des enfants : en Norvège, par exemple, il y a eu environ 10 000 enfants nés de femmes norvégiennes et de soldats allemands, un problème qui a resurgi récemment. Cela s'explique par la relative absence des hommes, qu'ils soient prisonniers de guerre ou travailleurs en Allemagne, par le fait que certains pays, notamment à l'Ouest, ne sont plus, entre 1940 et 1944, des zones de combat et qu'y stationnent des troupes d'occupation composées d'hommes jeunes, eux aussi loin de leur famille. Paris est alors un lieu plus attirant et plus sûr pour les soldats allemands que Minsk ou Kiev. À la libération, les Français utilisent pour désigner ces relations le terme de « collaboration horizontale », une expression sexiste qui vise des femmes dont la majorité n'avait commis aucun acte réellement répréhensible, en tout cas pas plus que beaucoup d'hommes ayant eu divers contacts avec l'ennemi dans la vie de tous les jours. Près de 20 000 seront tondues à la fin de l'Occupation, un châtiment infamant, discriminant envers des femmes qui servent de boucs émissaires.

Si ce genre de comportement a focalisé l'attention, la collaboration réelle, c'est toutefois bien autre chose. Dans toute l'Europe, de petits partis politiques, souvent financés par les occupants, adoptent l'idéologie nazie : la haine des juifs, l'anticommunisme, le culte de l'uniforme, le goût de la violence. On les appelle des « collaborationnistes », comme Léon Degrelle en Belgique, Anton Mussert en Hollande, Jacques Doriot en France, Vidkun Quisling en Norvège, Ferenc Szálasi en Hongrie. Bien que minoritaires dans l'opinion, ils jouent un rôle important. Ils sont au pouvoir dans plusieurs pays, comme en Norvège, en 1942, ou encore en France et en Hongrie en 1944. Ils contrôlent souvent les seuls médias autorisés : journaux, revues, radio, des instruments indispensables pour connaître l'évolution de la situation militaire. Ils aident les nazis dans la chasse aux opposants politiques, aux résistants, aux juifs. Cette forme de collaboration séduit beaucoup d'artistes, d'intellectuels, d'écrivains : Louis-Ferdinand Céline, en France, Knut Hamsun, en Norvège, pour ne citer que deux exemples illustres. La Waffen SS, branche armée de la SS, est une sorte de grande légion étrangère qui comprend près de 900 000 hommes dont la moitié sont des Norvégiens, des Danois, des Finlandais, des Belges, des Français, des Hollandais, des

Albanais, des Ukrainiens, des Russes. Certains se sont engagés par aventure, la plupart pour participer à la grande « croisade contre le bolchevisme ».

Leurs convictions politiques étaient plus fortes que leurs sentiments patriotiques, un paradoxe qui les amène à coopérer avec les envahisseurs de leur pays. Selon eux, l'Europe allemande, l'Europe nazifiée est la seule solution à la fois contre le danger communiste et contre l'influence de la « ploutocratie » anglo-saxonne, la supposée toute-puissance de l'argent qui caractérise, selon eux, les États-Unis et la Grande-Bretagne. Tous les pays sous l'emprise nazie ont connu ces divisions entre, d'un côté, une minorité souvent influente de collaborateurs et, de l'autre, ceux qui ont conservé des sentiments patriotiques, allant jusqu'à la résistance armée contre l'occupant. Elle a divisé certaines nations jusqu'à la guerre civile, comme en Yougoslavie, en Grèce, en Italie et dans une certaine mesure en France. C'est pourquoi les souvenirs de cette période, aussi bien en Europe qu'en Asie, continuent de susciter des polémiques : il est plus facile de se réconcilier avec un ennemi extérieur qui rentre chez lui après la guerre qu'avec un compatriote qui a choisi de collaborer et reste, lui, dans son pays, suscitant souvent des ressentiments durables.

*– Si c'est une minorité qui a collaboré, comment se fait-il qu'elle ait eu une telle influence ? Pourquoi est-ce un phénomène si important ?*

– La forme essentielle de collaboration n'est pas celle de ces « croisés » qui ne sont, en effet, qu'une poignée de fanatiques. La plus décisive pour les nazis a été la collaboration de certaines administrations, comme en Belgique ou en Hollande, ou de certains gouvernements considérés comme légitimes, malgré l'occupation de leur pays, comme au Danemark ou en France. Le cas de la France est resté emblématique parce que c'est la seule grande puissance défaite et occupée par le Reich. Pétain, devenu chef de l'État, accepte de collaborer non seulement pour atténuer les effets de l'occupation militaire, mais aussi pour des raisons politiques. Le régime de Vichy veut mettre un terme à la démocratie républicaine et se présente comme un ordre nouveau, autoritaire, nationaliste, antisémite. Il le fait également pour des raisons stratégiques car il cherche à ménager une place à la France dans l'Europe allemande. C'est une divine surprise pour le Reich en guerre car l'ennemi héréditaire d'antan devient l'un de ses principaux soutiens économiques. La France fournit des produits industriels indispensables aux armées, des moteurs, des pneus, des tissus, ou encore la meilleure main-d'œuvre : près de 250 000 ouvriers volontaires et 650 000 dans le cadre d'un service du travail obligatoire (STO) ont été, durant les quatre années d'occupation, envoyés en Allemagne avec l'aide du gouvernement français, notamment de son chef Pierre Laval, devenu l'un des symboles de la collaboration politique avec les nazis.

C'est difficile à comprendre après coup mais, pour de nombreux politiciens, généraux, amiraux, chefs d'entreprise, ou simples citoyens dans toute l'Europe occupée, l'Allemagne et le Japon, vers le milieu de l'année 1942, semblent avoir gagné la guerre sans que rien n'ait pu les arrêter. En Europe, nombreux sont ceux qui espèrent que le Reich va l'emporter dans sa confrontation avec l'URSS. Dès lors, ils collaborent non seulement pour s'accommoder d'une situation exceptionnelle mais aussi pour ménager l'avenir.

*– Tu as parlé de patriotisme. Y a-t-il des réactions de révolte, de refus, d'opposition ? Quelle a été l'importance de la résistance ?*

– Partout dans les pays occupés, l'idée que le conflit n'est pas terminé, les réflexes patriotiques et humanistes, la révolte contre la terreur suscitent de très nombreuses réactions. Par opposition à la « collaboration », on parle de « résistance ». Le terme est devenu mythique car, dans l'après-guerre, le récit des hauts faits des résistants à l'oppression nazie a servi à refonder l'identité de certains pays, à donner une autre image que celle d'un pays vaincu et acceptant de coopérer avec le vainqueur. C'est vrai aussi bien en France qu'en URSS, en Belgique ou en Pologne. On a aussi parfois tendance à considérer qu'il n'y avait que deux choix possibles : collaborer ou résister. Dans les faits, il y a toute une variation de nuances de « gris » entre le « noir » du collaborateur et le « blanc » du résistant. Mais la résistance face à l'occupant a été un élément essentiel de cette guerre.

Il y a d'abord des formes de résistance armée, menée par des militaires et des civils qui s'en prennent directement aux troupes occupantes. Cette forme de guerre dite « irrégulière » pratique les attaques surprises, le sabotage des trains ou des routes : dans la seule nuit du 20 juillet 1943, il y a eu près de 5 800 sabotages de voies de chemin de fer en URSS ! Ces actions visent surtout à créer un climat d'insécurité parmi les troupes ennemies, en profitant du fait qu'elles se trouvent dans des espaces immenses et hostiles. C'est une forme de guerre « asymétrique », dirait-on aujourd'hui, car elle oppose, d'un côté, une poignée de combattants sans uniforme, mal équipés, organisés en groupes restreints et, de l'autre, une armée puissante, blindée, hiérarchisée. Cette forme de combat joue un rôle important dans les zones où il y a une grande concentration de troupes allemandes en activité, en particulier en URSS, dès 1941, ou en France, en 1944, et dans des régions où la géographie permet ce type de guérilla : les forêts de Biélorussie ou les régions montagneuses de Grèce, de Yougoslavie ou de France, où vont s'organiser des maquis.

Cette forme de résistance a pu surgir spontanément mais elle agit le plus souvent avec l'accord d'un gouvernement en guerre. Les partisans soviétiques sont mobilisés par un ordre de Staline dès les débuts de l'invasion et leur action à l'arrière des lignes allemandes se coordonne avec celle des troupes régulières sur le front. La résistance norvégienne a agi sur le terrain en pratiquant des sabotages ou du recueil d'information sous les ordres du gouvernement en exil à Londres et pour le compte des Anglais. La résistance intérieure française obéit à compter de 1943 aux directives de la France libre du général de Gaulle qui se bat aux côtés des Alliés et qui a réussi à unifier ses différentes composantes, grâce à l'action de Jean Moulin.

Obsédés par l'idée d'avoir à se défendre contre un ennemi invisible, les nazis mènent des représailles terribles d'un bout à l'autre du continent. Ils mettent sur pied des unités spéciales pour lutter contre les partisans dont les victimes sont le plus souvent les civils des villages soupçonnés d'aider ces derniers, ce qui n'est pas toujours le cas, loin de là. La Brigade SS Dirlewanger, l'une des pires bandes de tueurs de l'époque, a détruit à elle seule près de 200 villages en Biélorussie et tué plusieurs dizaines de milliers de civils. Le village tchèque de Lidice a été rayé de la carte, les hommes fusillés, les femmes et les enfants déportés, après l'assassinat par des résistants de Reinhard Heydrich, l'un des grands dignitaires du Reich, le 27 mai 1944. En France, le village d'Oradour-sur-Glane subit le même sort, le 10 juin 1944, avec le massacre de 642 hommes, femmes et enfants, exécutés ou brûlés vifs dans l'église.

– *Comment pouvait-on résister dans de telles conditions ?*

– C'est une vraie question et, d'ailleurs, il est difficile de dire que la majorité des citoyens des pays occupés a résisté frontalement à l'oppression nazie. La plupart ont vécu, survécu, attentifs à l'évolution du conflit. Encore une fois, tout dépend de l'endroit où l'on se trouve, et tout dépend de la présence ou non de combats dans la région, de la concentration des troupes, de l'existence de groupes de partisans. Mais compte tenu de la masse des soldats mobilisés, compte tenu du nombre de prisonniers et de travailleurs partis volontairement ou non travailler pour le Reich, catégories qui se comptent en millions, c'est toute la population qui est concernée par les conséquences de l'occupation. Or, d'une manière très générale, plus la guerre avance, plus les sentiments antiallemands progressent.

Les résistants engagés, eux, sont souvent jeunes, voire très jeunes, à peine plus vieux que toi, parfois. Ce sont des citoyens que rien n'a préparés à une vie clandestine, à une telle prise de risque, à un tel déchaînement de violence. De nombreuses femmes, dont le rôle a été longtemps méconnu, participent à la résistance. Quelques noms de ces illustres résistants viennent à l'esprit, dans une liste très longue : Masha Bruskina, pendue, à 17 ans avec deux de ses camarades à Minsk, en octobre 1941 ; Max Manus et Gunnar Sønsteby, héros du mouvement de la résistance norvégienne ; Lucie et Raymond Aubrac en France. Parmi les chefs de la résistance, beaucoup jouent un rôle essentiel pendant et après la guerre, à l'image du général de Gaulle ou de Joseph Tito, secrétaire général du parti communiste yougoslave et chef d'une armée de libération nationale qui compte près d'un million d'hommes à la fin de la guerre.

Cependant, la résistance contre l'occupant nazi n'est pas seulement militaire. Elle est aussi politique, comme en France, où les premiers mouvements de résistance ont pour objectif de lutter à la fois contre l'occupant et contre Vichy. *Franc-Tireur*, *Libération*, *Défense de la France* sont d'abord des journaux clandestins autour desquels se regroupent de petits noyaux de résistance qui vont finir par s'unir et former un véritable État clandestin soutenant leurs camarades qui se battent sous l'uniforme français aux côtés des Alliés. C'est aussi une résistance spirituelle, à l'image du journal clandestin français *Témoignage chrétien* ou de l'action du groupe de la Rose blanche, de Hans et Sophie Scholl, des étudiants catholiques de Munich qui forment l'un des plus célèbres mouvements de la résistance allemande pendant la guerre.

La résistance inclut également des formes de désobéissance individuelle et collective qui entretiennent un esprit, celui du refus, et montrent que la collaboration n'est pas, et de loin, la seule attitude dans l'Europe nazie. Cette résistance civile, longtemps méconnue, un tantinet méprisée même, a eu un grand impact psychologique. À plusieurs reprises, en février 1941 ou en mai 1943, une partie de la population hollandaise se met en grève pour protester contre les conditions de l'occupation, les premières persécutions antijuives et l'absence prolongée des prisonniers de guerre. De même, partout en Europe, les juifs persécutés ont pu trouver une aide et une protection au sein d'une population qui n'est pas toujours uniquement hostile ou complice. C'est ainsi que l'on cache des enfants, que l'on fournit des faux papiers, que l'on informe d'une possible rafle dans les jours à venir, comme certains policiers parisiens à la veille de la grande rafle du Vél' d'Hiv, les 16 et 17 juillet 1942. C'est d'ailleurs en France et en Pologne, dans des situations pourtant très différentes, que l'on trouve le plus grand nombre de « Justes parmi les Nations », un titre décerné après la guerre pour honorer la mémoire de ces prêtres, de ces fonctionnaires, de ces paysans qui ont cherché à protéger des inconnus venus un jour frapper à leur porte. On en dénombre à ce jour plus de 24 000 au total.

– *Est-ce qu'il y a une résistance aussi contre l'occupation japonaise en Asie ?*

– Oui, mais le contexte est différent. D'abord, il n'y a pas d'équivalent au Japon à ces formes d'opposition, minoritaires mais très symboliques, qui ont vu le jour pendant la guerre dans l'Allemagne nazie : celle des communistes et des sociaux-démocrates, celle des catholiques, celle d'un groupe d'officiers qui va même essayer d'assassiner Hitler, le 20 juillet 1944. Ensuite, les Japonais jouent sur les sentiments anticoloniaux dans leur zone d'influence. Ils tentent de convaincre les populations de la justesse du combat contre les puissances occidentales implantées dans cette partie du monde, en particulier la Grande-Bretagne. Cela a certains effets comme en Indonésie où les actions de résistance ou de guérilla sont très limitées. En revanche, dans les Philippines, à cause d'une occupation japonaise très brutale, jalonnée de nombreux massacres, le pays connaît plusieurs mouvements de résistance. Une « armée populaire » soutenue par les États-Unis participe même à la libération du pays. Enfin, là où la résistance est la plus forte, c'est évidemment en Chine. Dans cet immense pays, que les Japonais occupent surtout au nord et sur les côtes, deux grandes tendances rivales, et mêmes ennemies, se disputent le monopole de la guerre contre l'occupation japonaise : les nationalistes conduits par Tchang Kaï-chek, qui a installé sa capitale dans le centre du pays, et les communistes, sous la direction de Mao Zedong. Ce dernier, grand théoricien de la guérilla, utilise le vaste territoire chinois à l'arrière des troupes japonaises pour faire peser une menace constante sur l'occupant. Il mène des escarmouches, des attaques surprises, par petits groupes mobiles qui jouent un rôle auxiliaire au regard de l'action de troupes régulières. Les partisans reçoivent le soutien, enthousiaste ou forcé, des populations locales. Cette forme de combat, par certains aspects très ancienne, change la nature de la guerre et renforce l'idée que, dans ce conflit, il n'y a plus de frontière entre la politique et la guerre, entre les combattants et les civils, entre les champs de bataille et l'arrière, entre les zones urbaines stratégiques et les autres.

Chapitre 6

# UNE GUERRE TOTALE

– *Dans une guerre, les civils souffrent toujours, non ? Qu'y a-t-il de différent ici ?*

– La Seconde Guerre mondiale est la deuxième « guerre totale » dans l'histoire après la Grande Guerre. Cela signifie la disparition complète de la frontière qui a existé dans le passé entre combattants et non-combattants. Tout le monde ou presque doit participer à l'effort de guerre, volontairement ou pas. La Seconde Guerre mondiale est un conflit de masse. Jamais auparavant, à l'échelle de la planète, autant d'hommes en uniforme – et de femmes, comme auxiliaires, comme infirmières, comme employées – n'ont été réunis sous les drapeaux. La majorité ne sont pas des soldats professionnels, sauf pour une partie des officiers, mais des civils enrôlés par la conscription, l'obligation pour les hommes valides des classes d'âge les plus jeunes, disons entre 20 et 40 ans, de faire la guerre si leur pays l'exige. De 1940 à 1945, les Allemands ont mobilisé par an de 5 à 9 millions de combattants, le Japon de 2 à 7 millions, la Grande-Bretagne de 2 à 5 millions, l'URSS de 2,5 millions à 11 millions, les États-Unis – c'est la progression la plus spectaculaire – d'un demi-million à 12 millions ! Des millions d'entre eux vont rester absents de leurs foyers des années durant, soit engagés sur des fronts lointains, comme les Allemands en Russie ou les Américains dans le Pacifique, soit faits prisonniers. L'absence de ces hommes implique une réorganisation de la société, un rôle différent pour les femmes qui doivent, seules, affronter le quotidien, souvent très difficile à cause des pénuries alimentaires ou des bombardements. Les abris antiaériens où les gens viennent se réfugier en pleine nuit lorsque l'aviation ennemie attaque les villes, comme à Londres, en 1940, ou les longues queues devant les magasins où il n'y a plus grand-chose à vendre, comme à Paris ou à Varsovie, deviennent des lieux de rencontre, de sociabilité, d'une vie qui s'organise malgré la guerre.

– *Mais tout le monde ne se bat pas, tous les civils ne sont pas mobilisés comme soldats. Comment sont-ils impliqués ?*

– La mobilisation pour l'effort de guerre concerne aussi tous ceux qui ne se battent pas, qui travaillent dans les usines d'armement produisant les munitions par millions, les chars, les avions, les pièces de rechange. Comme en 1914, les femmes remplacent les hommes dans des métiers pénibles, qu'elles n'avaient pas l'habitude d'exercer. Cela change les cadences, le rythme de travail. En Grande-Bretagne, la durée légale du travail passe de 48 heures à 60 heures par semaine, y compris pour des femmes qui doivent assurer les tâches domestiques, s'occuper des enfants. Celles qui n'ont pas d'enfant sont mobilisées de manière prioritaire : 80 % des Britanniques âgées de 18 à 40 ans travaillent pour l'industrie de guerre ou l'armée. Et il n'y a pas, comme en période de paix, de possibilité de négocier les salaires ou les cadences. La guerre totale, c'est « du sang, de la peine, des larmes, et de la sueur », comme l'a dit Churchill en mai 1940. Encore, j'évoque ici le sort des travailleurs ressortissants des pays alliés qui respectent malgré tout certains standards de vie. La situation est bien différente en Allemagne ou dans les pays occupés, où ce sont des millions d'esclaves qui ont été recrutés par la force pour travailler dans les usines de guerre, dans les mines, dans les champs.

– *Que deviennent les enfants dans ces conditions ?*

– La situation des enfants pendant cette guerre est l'un des sujets les plus difficiles à aborder moralement. Il y a d'abord les cas les plus extrêmes, celui des enfants juifs assassinés dans le cadre de la Shoah. Sur les 5 à 6 millions de victimes, on compte près de 1,5 million d'enfants, la plupart âgés de moins de 15 ans. Il y a également les enfants assassinés dans le cadre des massacres de civils, on l'a vu, en URSS, en Pologne, en Chine. Outre ces situations hors normes, le sort des enfants dans une guerre totale est peu enviable. Il faut assurer leur éducation, y compris dans les pires conditions, comme dans des villes dévastées par les combats. Il faut les nourrir, leur trouver un cadre de vie.

En Allemagne, lorsque le pays commence à être bombardé, en 1942, plus de 2,5 millions d'enfants sont évacués vers les campagnes, placés dans des foyers d'accueil. En 1945, près de 300 000 enfants allemands restent séparés de leurs parents, obligés de vivre par eux-mêmes, dans l'errance, souvent la délinquance, dans un pays en ruines.

– *Comment a-t-on pu à ce point changer les habitudes des gens, leur manière de vivre ?*

– En partie par la terreur, dans les pays occupés, en partie par la contrainte, en partie parce que les peuples participent bon gré, mal gré à cet effort de guerre, à cette mobilisation de tous. Même dans les pays démocratiques, comme les États-Unis ou la Grande-Bretagne, on organise la réquisition de main-d'œuvre, l'obligation de travailler dans une usine d'armement. Toute l'économie ou presque est réorientée en direction de la production de guerre. Si l'économie a toujours été le nerf de la guerre dans l'histoire, elle devient l'une des armes principales durant la Seconde Guerre mondiale à cause de la nature du conflit, de son caractère massif, démesuré, étendu à l'ensemble du globe et à un rythme intensif durant plusieurs années. Il ne s'agit pas seulement de fournir à des millions de soldats mobilisés des munitions, de la nourriture ou des vêtements. Il faut produire à des niveaux jamais atteints des camions, des chars, des avions, des navires, des bombes, seule manière de pouvoir mener le combat sur des zones qui couvrent des milliers de kilomètres aussi bien sur le front de l'Est que dans le Pacifique, aussi bien pour les défendre que pour les reconquérir.

C'est ce qui a fait la différence. La formidable puissance économique des États-Unis leur a donné une supériorité dans quasiment tous les domaines. En 1944, ils produisent trois fois plus d'acier, deux à trois fois plus de chars, de canons et d'avions que l'Allemagne nazie. Pour prendre une image célèbre, tous les pays en guerre doivent produire moins de beurre que de canons. Mais l'Allemagne et le Japon ont d'abord produit des canons qui ont servi à voler le beurre de leurs voisins qu'ils ont affamés et obligés à travailler pour eux. L'URSS produit des canons mais manque cruellement de beurre et surtout de céréales à cause de l'occupation des plaines de l'ouest. Les États-Unis et la Grande-

Bretagne essayent de produire aussi bien des canons que du beurre pour maintenir le niveau de vie et le moral des populations. Ils sont parvenus malgré cela à prendre l'avantage : la guerre totale voulue par Hitler a été gagnée par ses ennemis.

– *Comment les gens ont-ils pu accepter autant de sacrifices ? Pourquoi se sont-ils battus avec tant d'énergie ?*

– « Pourquoi nous combattons », c'est justement le titre d'une série de sept documentaires réalisés par le cinéaste Frank Capra, plus connu alors à Hollywood pour ses comédies. C'est un autre aspect de la Seconde Guerre mondiale qui prolonge des pratiques nées durant la Première. La guerre totale mobilise les artistes, les cinéastes, les écrivains, les savants. Ils écrivent, peignent, filment, chantent pour soutenir l'effort de guerre de leur pays. Ils le font sans aucune contrainte. Des sociologues et des philosophes qui ont fui le nazisme comme Herbert Marcuse ou Franz Neumann travaillent pour les services secrets américains, l'OSS. Marlène Dietrich, elle aussi réfugiée antinazie, se rend célèbre dans le monde entier avec sa chanson, *Lili*

*Marleen*, qui a fait pleurer les soldats de tous les camps. Un Américain moyen, loin des horreurs du front, est confronté quotidiennement aux images de la guerre par les films qu'il voit au cinéma, par les affiches dans la rue qui lui rappellent que cette guerre se fait au nom de la liberté, contre la tyrannie, contre l'oppression et la sauvagerie. Même si la guerre se fait pour bien d'autres raisons, ce sont des motivations suffisantes pour accepter les sacrifices demandés.

En Allemagne comme au Japon, la situation est très différente. Jusqu'en 1942-1943, mis à part bien sûr les pertes militaires, ces pays sont encore peu touchés directement par le conflit. Surtout, ils en tirent profit à cause de l'exploitation des ressources des pays occupés. La dictature nazie ne laisse certes aucune place à la contestation, mais les Allemands ont accepté cette guerre, alors que beaucoup savent – et ne le disent pas – ce qu'elle implique de souffrances et de crimes commis par leurs troupes. Ceux qui se révoltent contre cette situation sont sauvagement réprimés, à l'image des résistants de la Rose blanche ou de cet officier, Ulrich Wilhelm Schwerin von Schwanenfeld, qui a participé à l'attentat manqué contre Hitler et s'est insurgé à cause des crimes commis en Pologne au nom de son pays, pendu après un ignoble procès spectacle. Mais ils ne sont qu'une minorité, héroïque et impuissante.

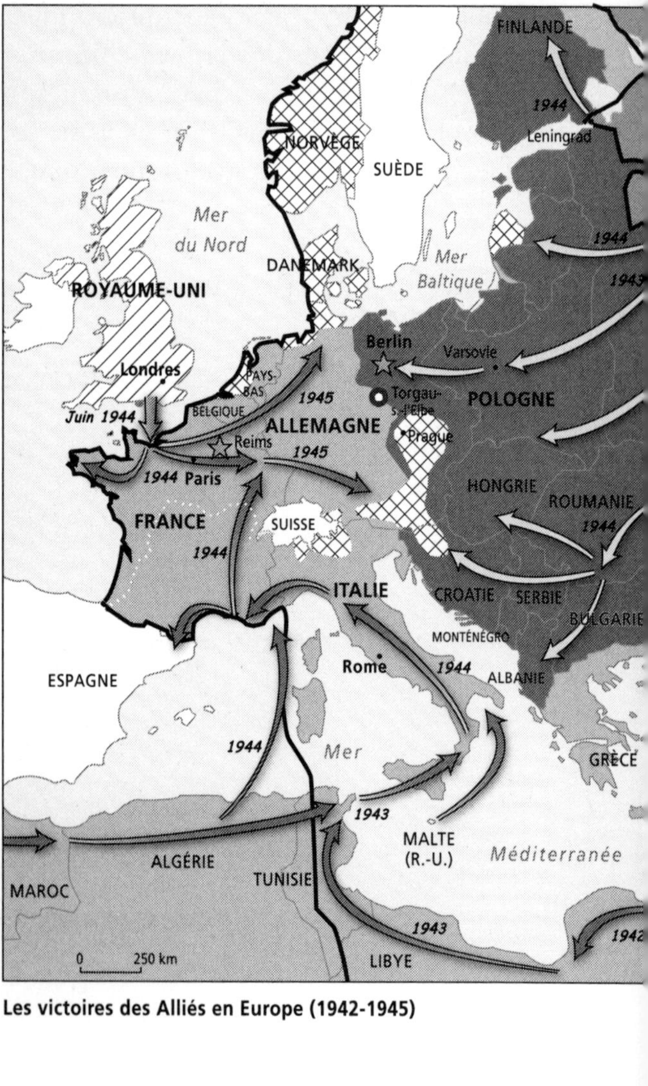



Les victoires des Alliés en Europe (1942-1945)

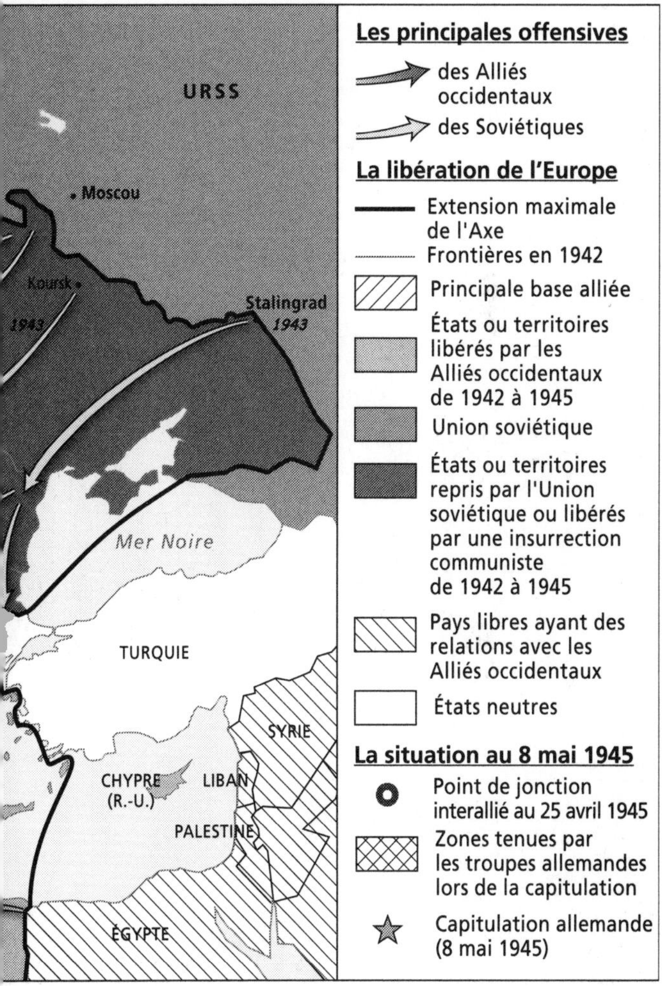
URSS
Moscou
Koursk
1943
Stalingrad
1943
Mer Noire
TURQUIE
SYRIE
CHYPRE
(R.-U.)
LIBAN
PALESTINE
ÉGYPTE
Les principales offensives
des Alliés occidentaux
des Soviétiques
La libération de l'Europe
Extension maximale de l'Axe
Frontières en 1942
Principale base alliée
États ou territoires libérés par les Alliés occidentaux de 1942 à 1945
Union soviétique
États ou territoires repris par l'Union soviétique ou libérés par une insurrection communiste de 1942 à 1945
Pays libres ayant des relations avec les Alliés occidentaux
États neutres
La situation au 8 mai 1945
Point de jonction interallié au 25 avril 1945
Zones tenues par les troupes allemandes lors de la capitulation
Capitulation allemande (8 mai 1945)

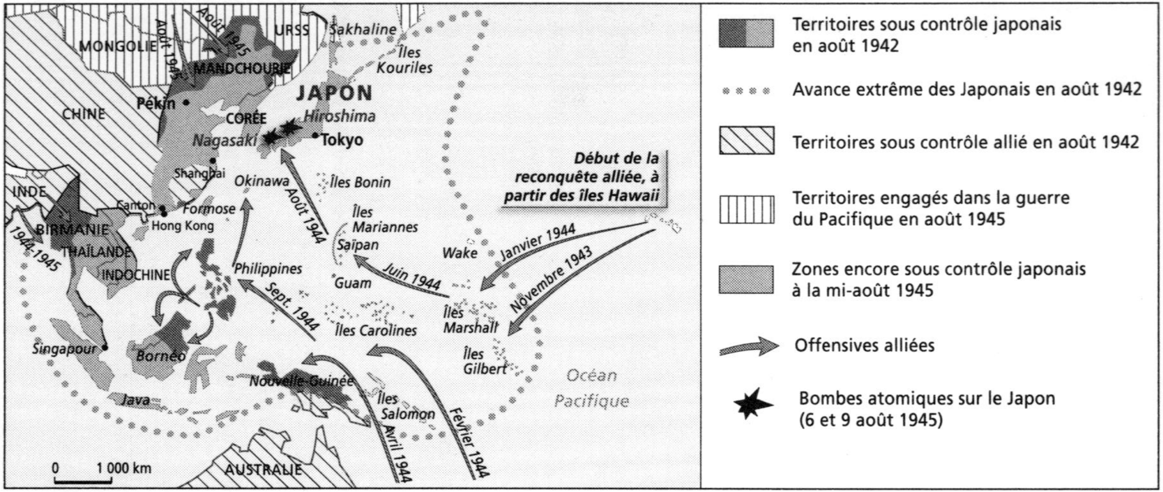




**La victoire des Alliés sur le Japon (1942-1945)**

Chapitre 7

# LA RECONQUÊTE : 1942-1945

– *Comment les Alliés ont-ils finalement réussi à gagner cette guerre ? Les pays de l'Axe semblaient au départ invincibles...*

– En réalité, ils ne l'étaient pas. Des premières victoires de l'Axe et donc des premières défaites de ses adversaires, on a conclu que les armées allemandes ou japonaises étaient surpuissantes, bien organisées, dirigées par des stratèges de génie. Il est en effet plus facile de prétendre que l'on a été vaincu par plus fort que soi que par ses propres erreurs. Or la surprise, la chance, la volonté, d'un côté, de faire la guerre, de l'autre, de temporiser, ont eu leur part dans les succès de l'Axe entre 1939 et 1942. Ces premiers succès étaient cependant plus fragiles qu'on ne l'a cru. Ni l'Allemagne, ni le Japon et encore moins leurs alliés n'avaient réellement les moyens de gagner la guerre sur le long terme.

Mais cela, on l'a su après. Il faut en effet un certain temps aux Alliés pour se ressaisir, coordonner leurs forces, se mettre d'accord sur des objectifs communs, après les désastres de 1941. Ils ne défendent pas, en effet, les mêmes intérêts. En Europe, c'est l'URSS qui subit la pression la plus forte, sur son propre territoire, d'où la demande faite aux Anglo-Américains d'ouvrir au plus vite un second front à l'Ouest, pour prendre en tenaille l'Allemagne. Les États-Unis, de leur côté, mènent déjà la guerre sur deux fronts, contre le Japon, dans le Pacifique, et contre le Reich. Mais l'affrontement entre Américains et Allemands se limite pour l'instant à une autre bataille navale, dans l'Atlantique, où les Alliés bloquent les approvisionnements vers le continent européen, occupé mais pas encore assiégé. Faire la guerre, c'est envisager des objectifs immédiats comme, par exemple, repousser la Wehrmacht hors des frontières soviétiques. C'est aussi penser à plus long terme ce qui va se passer à la fin et même après, ne serait-ce que pour éviter un nouveau conflit. La Grande-Bretagne pense à son empire, les États-Unis à leur influence politique et économique comme nouvelle puissance mondiale, l'URSS à la nécessité de se protéger d'une nouvelle agression. Ces sujets sont d'autant plus épineux que les Soviétiques d'un côté, et le reste des Alliés de l'autre, ne partagent pas la même vision du monde : la rivalité idéologique entre le communisme et les démocraties capitalistes continue en sourdine. C'est pour cela que les dirigeants des Nations unies se rencontrent régulièrement. À Téhéran, fin novembre 1943, et à Yalta, en février 1945, les trois grands chefs de guerre – Churchill, Staline et Roosevelt – s'assoient autour de la même table pour discuter de la guerre présente, mais aussi de la paix future.

*– Mais là tu parles de politique, tu ne parles pas de la guerre, des batailles…*

– Parce que c'est un aspect central du conflit. Mais tu as raison. Si la politique mène cette guerre, le sort des batailles se joue quand même sur le terrain. Et les choses changent progressivement au cours de l'année 1942. Jusque-là, les succès étaient plutôt du côté de l'Axe. Ils vont être désormais du côté des Alliés.

Commençons par la guerre dans le Pacifique. En juin 1942, on l'a vu, les Japonais ont conquis une zone immense qui couvre la moitié de l'océan. Cet empire maritime suppose la maîtrise des mers et plus encore celle du ciel. La nouveauté, dans cette guerre, c'est le rôle joué par les forces aéronavales, c'est-à-dire surtout les porte-avions qui servent de bases mobiles à des chasseurs et à des bombardiers. Ils décuplent le rayon d'action de pays se battant très loin de leur territoire, comme c'est le cas à la fois pour le Japon et pour les États-Unis. Du 3 au 6 juin 1942, l'amiral Yamamoto attaque à nouveau la flotte américaine au large de l'atoll de Midway, non loin des îles Hawaii. L'aviation et la marine japonaises, qui ont vu trop grand, y subissent une lourde défaite, perdant plusieurs porte-avions et cuirassés – un porte-avions, ça coûte très cher et ça nécessite beaucoup de temps à construire, ce sont donc des pertes irréparables. La victoire renverse le rapport des forces dans la région. Désormais, l'avantage penche du côté des Américains, dont l'économie peut produire bien plus de matériel que celle des Japonais.

Toutefois, cela ne réduit pas tout de suite la zone d'influence japonaise. Les Américains décident alors de mener des offensives successives sous la conduite du général MacArthur. L'objectif lointain, c'est évidemment le territoire japonais lui-même, mais les distances sont trop grandes pour l'atteindre directement. La reconquête se fait lentement, d'abord par les îles Salomon au sud, où les Japonais menaçaient l'Australie. C'est le lieu d'une autre bataille célèbre, celle de Guadalcanal, qui dure d'août 1942 à février 1943. Ensuite, les États-Unis vont littéralement « détricoter » toute la toile tissée par les Japonais en menant des contre-offensives à la fois dans la partie nord du Pacifique (les îles Aléoutiennes), la partie centrale (les îles Marshall, les îles Caroline), la partie méridionale (la Nouvelle-Guinée, les Philippines). Ils mènent également le combat sur le continent, en Birmanie, avec l'aide des troupes britanniques et chinoises. Le 19 février 1945, ils débarquent sur un minuscule îlot, Iwo Jima, un territoire japonais et non plus conquis. Ils y livrent l'une des batailles les plus sanglantes de la guerre du Pacifique : sur

20 000 soldats japonais, à peine 216 survivent, contre environ 6 000 morts côté américain pour quatre fois plus de troupes engagées. Cet affrontement est resté célèbre à cause d'une photo qui fait le tour du monde : on y voit des marines, le corps d'élite, hisser le drapeau américain sur un bout de terre dévasté. Revanche a été prise sur Pearl Harbor. Le Japon est désormais à portée de canon ou presque.

– *Les Américains ne voulaient pas faire la guerre et maintenant ils gagnent…*

– Oui, car encore une fois la puissance de feu dépend de la capacité à produire des armes, les armes adéquates, et en grande quantité. La situation des États-Unis entre 1939, où ils veulent rester à l'écart du conflit, et 1943-1945, où ils sont les leaders de la coalition alliée, constitue un retournement spectaculaire. Ce pays est devenu une superpuissance. Le changement est d'autant plus remarquable que les Américains se battent au même moment dans l'Atlantique Nord, seule voie d'accès pour approvisionner la Grande-Bretagne et rouvrir un front en Europe. Leurs navires doivent y affronter les redoutables sous-marins allemands, les

*U-Boote*, qui torpillent aussi bien les navires de commerce que les navires de guerre. Si la guerre contre le Japon vise à écarter une possible menace sur leur propre territoire, menace qui ne s'est jamais concrétisée, celle contre l'Allemagne nazie est prioritaire, bien que celle-ci ne vise pas le territoire américain. Une Europe durablement soumise au joug nazi aurait fini par menacer les intérêts politiques et économiques des États-Unis. Les Américains agissent aussi par solidarité envers des peuples qui leur sont très proches et dont ils sont en partie issus : les Anglais, les Français, les Hollandais, et même les Allemands et les Italiens, qu'ils considèrent pour partie comme des victimes des dictatures totalitaires. Enfin, on le sait aujourd'hui, Hitler voulait la confrontation avec les États-Unis.

– *Quelles sont les batailles qui permettent la reconquête de l'Europe ?*

– Le 4 novembre 1942, le général britannique Montgomery remporte une victoire stratégique sur l'*Afrikakorps* de Rommel, à El Alamein, en Égypte. Quatre jours plus tard, le 8 novembre, de l'autre côté de l'Afrique du

Nord, au Maroc et en Algérie, les Anglo-Américains débarquent en territoire colonial français. En quelques semaines, les Alliés remportent la guerre en Afrique, sauvent le canal de Suez, mettent la main sur les champs de pétrole de Libye. C'est une stratégie « périphérique » pour s'attaquer à la « forteresse Europe ». Plutôt que d'envisager tout de suite un débarquement en France et affronter directement la Wehrmacht, ils ont préféré débarquer de l'autre côté de la Méditerranée, une opération beaucoup plus simple qui leur permet d'amasser des troupes et du matériel. Ensuite, ils prennent pied sur le continent par la Sicile, moins bien protégée, en juillet 1943 et commencent à remonter la péninsule italienne vers le nord. Mais malgré la chute du régime fasciste et la capitulation de l'Italie en septembre 1943, la reconquête s'avère plus longue que prévue : les Anglo-Américains, aidés par les partisans italiens, ne pourront définitivement défaire les troupes allemandes et les derniers fidèles de Mussolini au nord du pays qu'en avril 1945. Là encore, rien n'est joué. L'Allemagne nazie est un adversaire plus redoutable que le Japon.

– *Mais en Europe, ce sont les Soviétiques qui ont été attaqués et envahis. Que font-ils ?*

– Là aussi, la situation s'est retournée progressivement dans le courant de l'année 1942. Tu te souviens que l'armée allemande, après ses offensives éclair à compter de juin 1941, a été arrêtée devant Moscou et devant Leningrad, en décembre 1941, mais qu'elle s'est enfoncée plus loin en territoire soviétique au sud. En juillet 1942, les Allemands se dirigent vers Stalingrad, la « ville de Staline », l'une des plus grandes cités industrielles du pays et carrefour ferroviaire et fluvial stratégique, entre le Don et la Volga, non loin des champs de pétrole du Caucase. Mais le terrain n'est pas favorable aux troupes allemandes. Elles ne sont pas préparées à des combats en milieu urbain. Elles sont mal renseignées. Leurs alliés roumains et italiens sont très vite mis en déroute. Elles ne parviennent pas à se ravitailler suffisamment. En face, les Soviétiques sont à la fois déterminés et le dos au mur, ils n'ont pas le droit de reculer. C'est donc un choc d'une ampleur inouïe, une des batailles les plus meurtrières de l'histoire récente. Le 2 février 1943, la VIe armée du général Paulus capitule devant les troupes du général Tchouikov. Sur 330 000 soldats allemands, 220 000 sont morts et environ 100 000 sont faits prisonniers, dont un sur dix à peine survivra aux conditions de détention. Au total, la longue série d'affrontements dans la région a coûté près de 840 000 hommes aux troupes de l'Axe et plus d'un million aux Soviétiques, chiffres auxquels il faut ajouter la disparition de centaines de milliers de civils. C'est un bilan effroyable des deux côtés, mais il montre au monde entier que les nazis peuvent subir des défaites majeures. Au passage, Staline, le dictateur sanguinaire, est devenu un héros.

*– Mais on entend dire souvent que perdre une bataille, ce n'est pas perdre la guerre. Que s'est-il passé après Stalingrad ?*

– Beaucoup de choses. Cette défaite galvanise les résistants partout en Europe, et notamment les communistes. Elle affaiblit considérablement les régimes collaborateurs comme Vichy, et plus encore les alliés de l'Axe qui se sont engagés en pensant pouvoir tirer profit d'une guerre avec l'URSS. En mars 1944, la Hongrie veut se retirer de l'alliance avec l'Allemagne qui, du coup, envahit le pays. De même, la Roumanie se range en août 1944 aux côtés des Soviétiques qui occupent son territoire. Le plus important reste le rapport de force entre l'Allemagne nazie et l'URSS : il s'est inversé, comme entre Japonais et Américains dans le Pacifique. Les Allemands, malgré un renforcement de l'exploitation des pays occupés, la réquisition de millions de travailleurs français, belges, hollandais, polonais, tchèques, ne peuvent rivaliser avec les ressources industrielles soviétiques et américaines qui produisent plus d'avions, plus de chars, plus de munitions. Les armées allemandes du front de l'Est ont perdu leur organisation et leur motivation du début. La « grande croisade contre le bolchevisme » est un fiasco. Après Stalingrad, l'Armée rouge parvient à mener une succession de contre-offensives au nord, en direction des pays Baltes, au centre, en direction de la Pologne et de la Hongrie, et au sud, en direction des Balkans. Début 1945, les Allemands doivent désormais faire face à une invasion à l'est comme à l'ouest.

*– Tu parles de Stalingrad, mais on entend plus souvent évoquer le « débarquement ». D'ailleurs*

*on a visité ensemble le Mémorial de Caen, ce grand musée de Normandie. Qu'est-ce qui s'est passé au juste dans cette région ?*

– Au petit matin du 6 juin 1944, le Jour J (*D Day*), malgré une météo incertaine, après des mois de préparation aux États-Unis, puis en Grande-Bretagne, souvent dans le plus grand secret, après une campagne de fausses nouvelles destinée à tromper les services de renseignements allemands, après de nombreuses négociations sur le lieu, les Alliés parviennent à débarquer sur une large bande côtière qui s'étend du Calvados au Cotentin. C'est l'opération Overlord. Elle constitue une autre des batailles titanesques de la Seconde Guerre mondiale. Elle concentre près de 5 000 embarcations dont près de 200 destroyers et 33 croiseurs, les plus gros bateaux de guerre, qui pilonnent les fortifications du « Mur de l'Atlantique », qui avait été construit de la mer du Nord à Bayonne par les nazis. Rien que le premier jour, 150 000 soldats canadiens, anglais, américains, débarquent sur le sol français, la plupart au moyen de ces fameuses barges à fond plat qui peuvent s'approcher des plages et déverser directement des hommes prêts à combattre. Les pertes du premier jour sont importantes mais c'est un succès. Les Alliés ont établi une « tête de pont ». Ils construisent en quelques jours un port artificiel à Arromanches qui permet la première semaine de débarquer près de 18 000 tonnes de matériel par jour. C'est un exploit technique assez incroyable, dont on peut encore voir les traces aujourd'hui.

Mais dans les jours qui suivent, les choses se passent moins bien. La résistance des Allemands est plus forte que prévu. Le bocage normand, entrecoupé de très nombreuses haies, ou de chemins creux, est difficile d'accès pour les troupes comme pour les blindés. La route de Berlin – car désormais, c'est Berlin, l'objectif ! – nécessite un détour par le sud et la région de Falaise. La bataille de Normandie dure ainsi près de trois mois. Ce n'est qu'à la fin du mois d'août 1944 que les troupes alliées parviennent à franchir la Seine…

– *… et à libérer Paris !*

– Pas tout à fait. Le commandant en chef des armées alliées, le général Eisenhower, vise la route la plus directe pour rejoindre la frontière allemande, qui ne passe pas par la capitale française. Il laisse néanmoins la 2e division blindée du général Leclerc se diriger vers Paris dont une partie des habitants, sous le contrôle de la résistance, a commencé à se soulever contre les occupants. La capitale est libérée le 24 août, le général de Gaulle défile le lendemain en triomphateur sur les Champs-Élysées. C'est une belle page d'histoire, entrée à juste titre dans la légende. Mais la guerre, elle, continue. La route de Berlin n'est pas une promenade, malgré la retraite des troupes allemandes. Les Alliés sont arrêtés à nouveau dans les Ardennes, où la Wehrmacht mène sa dernière contre-offensive, en décembre 1944. Elle échoue, mais l'avancée n'en est pas pour autant plus rapide avant janvier 1945. À cette date, pour la première fois depuis très longtemps, l'Allemagne devient un immense champ de bataille, situation qu'elle n'avait pas connue durant la Première Guerre mondiale. Depuis 1942, c'est elle qui a été la cible de « bombardements stratégiques ». En 1940, les Alliés (en fait les Anglais) avaient largué 15 000 tonnes de bombes sur les positions allemandes. En 1945, ils en larguent près de 480 000. En face, les Allemands avaient utilisé 37 000 tonnes en 1940 mais ne peuvent plus en larguer que 9 000 en 1944. C'est l'une des raisons de la réussite de l'offensive après le débarquement. Ces bombes ne visent pas les troupes ou les usines, mais les villes allemandes. Les Alliés, en particulier les Britanniques, n'ont pas oublié le *Blitz* de Londres, ni la destruction de Varsovie et d'autres villes européennes.

– *Mais alors, ce sont des crimes de guerre puisque ces bombardements tuent des civils et pas de combattants !*

– C'est un point de vue qui peut se défendre car les Alliés déversent des « tapis de bombes » qui font des dizaines de milliers de morts à Hambourg, à Berlin, à Dresde, où 25 000 personnes sont tuées dans la seule nuit du 13 février 1945. C'est l'un des aspects les plus sinistres de cette guerre totale. En même temps, les nazis sont décidés à se battre jusqu'au dernier Allemand capable de porter une arme. Ils enrôlent même des enfants et des vieillards. Et ils ne veulent pas capituler : Hitler préfère la destruction du pays. Il s'agit alors pour les Alliés de montrer que toute résistance est vaine et va contre les intérêts du peuple allemand.

La même question se pose avec les bombes atomiques larguées sur le Japon. Les Alliés ont été les premiers à utiliser une arme nucléaire. C'est même, jusqu'à ce jour, la seule fois que de telles bombes ont été utilisées « pour de vrai ». Elles ont causé au total, en quelques minutes, la mort de 140 000 personnes à Hiroshima, le 6 août 1945, et de 73 000, à Nagasaki, le 9 août, sans compter les dizaines de milliers de blessés et d'irradiés, et les conséquences à long terme : malformations, cancers, nouveau-nés handicapés, etc. C'est probablement l'une des images les plus terribles de la guerre menée contre des civils, car ces bombardements ne servaient pas directement des objectifs militaires. Les États-Unis ont justifié l'usage de ces bombardements en expliquant que cela devait accélérer la fin de la guerre. C'est peut-être vrai au Japon, qui signe l'armistice le 2 septembre 1945. Ce n'est pas le cas en Allemagne où les combats se sont déroulés jusqu'au suicide de Hitler, le 30 avril 1945, la capitulation étant signée le 8 mai 1945.

Depuis la chute du mur de Berlin, en 1989, on parle plus facilement des crimes commis par les Alliés à la fin de la guerre, comme on parle d'ailleurs plus aisément des crimes communistes qui se sont déroulés pour partie dans le cadre de la Seconde Guerre mondiale : répression contre les Polonais, déportation de certains peuples dits « punis », déportation au Goulag des prisonniers de guerre soviétiques ayant survécu aux atrocités nazies. Autre exemple, l'Armée rouge pratique une politique de viol systématique en 1945 qui a touché près de 2 millions de femmes allemandes. Ils voulaient humilier, détruire, déshumaniser. On est très loin de toute nécessité militaire. On est ici dans la vengeance. Or aucun tribunal n'a qualifié ces viols massifs de crimes de guerre, et aucun n'aurait pu le faire en 1945 alors qu'on jugeait une partie des crimes nazis. Mais, selon moi, il est difficile de mettre tous ces crimes sur le même plan. La guerre totale, la guerre de destruction, la guerre d'anéantissement a été voulue par l'Allemagne nazie et le Japon nationaliste, deux systèmes qui ont tenté de dominer le monde par le fer et par le sang et qui ont fait payer le prix fort à leurs ressortissants et aux populations qu'ils ont asservies. Les communistes soviétiques, notamment durant la période stalinienne et durant la guerre, ont commis eux aussi des crimes de masse d'une ampleur sans précédent. On ne peut les passer sous silence, comme ce fut longtemps le cas, au motif que les peuples d'URSS ont contribué de manière décisive à la victoire des Alliés, se sont battus avec une ténacité exceptionnelle, et ont payé, eux aussi, un très lourd tribut. En réalité, ces populations ont été martyrisées à la fois par le pouvoir communiste et par l'occupant nazi. Quant aux Américains et aux Anglais, ils ont peut-être mené une guerre impitoyable contre l'Allemagne et contre le Japon, ils ont peut-être commis eux aussi des crimes, mais ils sont sans commune mesure avec les autres. Et comment nier qu'ils ont libéré l'Asie et une bonne partie de l'Europe (à commencer par la France) de l'esclavage et de la terreur ?

Chapitre 8

# APRÈS LA CATASTROPHE

*– La fin de la guerre est donc un événement qui a dû susciter partout de la joie.*

– En effet, ce sont des images de fête que l'on voit souvent lorsqu'on évoque le printemps 1945. En France, en Belgique, aux Pays-Bas, les Américains sont accueillis en libérateurs, distribuant cigarettes et chewing-gums, embrassant tout le monde sur leur passage. Les Soviétiques, de l'autre côté de l'Europe, avancent également en triomphateurs. L'une des images les plus célèbres et les plus emblématiques de la fin de la guerre est la jonction, le 25 avril 1945, des premières troupes américaines avec des éléments avancés de l'Armée rouge, à Torgau, une petite ville allemande au sud de Berlin. Elle dit tout le chemin qu'il a fallu parcourir de chaque côté pour arriver à cette rencontre. La tenaille s'est refermée sur une Allemagne vaincue, écrasée, occupée par les nouveaux « quatre grands » : les États-Unis, la Grande-Bretagne, l'URSS et… la France – un vrai miracle que l'on doit au général de Gaulle et au fait que le pays, malgré la défaite de 1940, reste un élément essentiel de l'équilibre en Europe.

Pourtant, derrière cette joie réelle et justifiée, ce sont les images de cauchemar qui prennent vite le dessus. Avec la libération de l'Europe, le monde découvre l'ampleur de la catastrophe, l'étendue des destructions, le nombre effarant de victimes. L'ouverture des camps nazis suscite une vague d'indignation mondiale. Les images des corps amoncelés comme des détritus, des visages cadavériques des survivants, à peine humains, les premiers récits sur les gazages systématiques des juifs à Auschwitz, les exécutions et tortures des résistants ou des otages déportés à Buchenwald et ailleurs confirment au-delà de l'imagination ce que les dirigeants alliés savaient déjà en partie. La barbarie nazie s'étale dans toute son horreur : ce sont des images que l'on n'a toujours pas oubliées malgré les tentatives pour tourner la page, malgré la réconciliation entre anciens ennemis, malgré l'émergence, en 1945, d'un nouveau monde présenté comme différent et ayant tiré les leçons de la guerre la plus meurtrière de l'histoire de l'humanité.

– *Combien y a-t-il eu de victimes ?*

– On estime à plus de 50 millions de morts le bilan de la Seconde Guerre mondiale, cinq fois plus que durant la Grande Guerre. Le chiffre défie l'imagination. C'est presque la population de la France il y a quelques années. Pour moitié, ces victimes sont des civils, pour l'autre des combattants. C'est la conséquence des massacres de masse, de la famine organisée et autres mauvais traitements infligés aux populations occupées, c'est la conséquence des bombardements systématiques des villes et du fait que la ville en tant que telle est devenue un champ de bataille, comme à Stalingrad en 1942 ou à Berlin en 1945. Mais ce chiffre global masque de terribles disparités. Toutes les catégories, tous les pays n'ont pas été touchés de la même manière. Sur les 50 millions de morts, on en compte environ 35 millions en Europe et 15 millions en Asie. Sur ce chiffre, il faut isoler les 5 à 6 millions de juifs morts dans le cadre d'un génocide planifié, la Shoah. Parmi les principaux pays ayant souffert de la guerre, les différences sont également considérables. On estime à environ 25 millions le total des pertes soviétiques, soit la moitié du nombre total de victimes, et presque plus des deux tiers des victimes européennes. Cela correspond à 14 % de la population de l'URSS en 1939, et ce n'est pas le taux le plus élevé : avec 6 millions de victimes (dont la moitié sont des juifs), la Pologne est la plus touchée, avec la disparition de 18 % de sa population. Les pertes soviétiques s'expliquent par l'intensité du conflit, les massacres systématiques de juifs, de prisonniers, de partisans par les nazis, sans compter les effets de la terreur stalinienne qui continue de s'exercer durant la guerre.

Parmi les autres pays qui ont terriblement souffert, il faut ajouter la Yougoslavie, à cause de l'occupation nazie et de la guerre civile qui s'est ensuivie avec 1,5 million de morts (10 % de la population), l'Allemagne avec 6 millions de victimes (8 % de la population), le Japon avec 2 à 3 millions de victimes (4 à 5 % de la population), essentiellement des pertes militaires, et surtout la Chine, avec au moins 10 millions de morts (2 % de la population), peut-être beaucoup plus, essentiellement des pertes civiles. En France, les chiffres les plus récents donnent 200 000 morts parmi les militaires et environ 250 000 civils, soit environ 1 % de la population. Pour la Grande-Bretagne, on compte 360 000 morts, dont 250 000 militaires. Enfin, les États-Unis, le pays qui a le plus contribué avec l'URSS à la défaite des pays de l'Axe, n'ont compté « que » 300 000 morts parmi les militaires. Le coût de la guerre n'est pas le même partout. Parmi les Alliés, au contraire de l'URSS, de la Chine, de la France, ou même de la Grande-Bretagne, les États-Unis n'ont quasiment connu ni destructions, ni pertes civiles. C'est un élément non négligeable pour comprendre la situation de l'après-guerre.

Il faut toutefois faire attention à ces chiffres. Ils ne prennent pas en compte les blessés, les traumatisés, les sans-abri, ou encore les effets sur la démographie, par exemple les « classes creuses » : vu le nombre d'hommes jeunes morts entre 1939 et 1945, le nombre de naissances durant la même période est beaucoup moins élevé en moyenne que pour d'autres périodes. Ils ne prennent pas en compte des tragédies humaines longtemps sous-estimées, comme les déplacements massifs de populations lors de la sortie de guerre : près de 20 millions au total, dont 13 millions d'Allemands fuyant l'Armée rouge ou chassés de Pologne, de Tchécoslovaquie, de Roumanie, parmi lesquels un demi-million sont morts de faim ou de froid. Ces chiffres ne peuvent rendre compte à l'échelle de chaque famille de l'ampleur et de la répétition des deuils, de la longévité des blessures psychiques ou morales. Il faut y ajouter le sentiment de honte ou de culpabilité pour ceux qui ont été du « mauvais côté », ont collaboré avec les occupants allemands ou japonais, et sont désignés du doigt à la fin de la guerre, parfois lynchés ou exécutés. L'Europe en 1945 est un champ de ruines.

*– Mais aujourd'hui, tout cela est bien fini. Ce n'est plus qu'un mauvais souvenir.*

– Je l'espère. C'est pour cela que l'unification, même imparfaite, de l'Europe, constitue l'une des rares conséquences positives de ce conflit et reste le meilleur rempart contre une nouvelle guerre sur le continent dont on aurait tort de croire qu'elle relève de la science-fiction : ni en 1900, ni en 1920, les Européens n'imaginaient ce qu'ils allaient vivre quinze à vingt ans plus tard…

Toutefois, cette guerre n'a pas constitué un événement dramatique suivi d'un simple retour à la normale. Elle a changé l'Europe qui a été divisée en deux parties, les pays communistes sous domination soviétique, et les démocraties capitalistes. Cette division a duré jusqu'en 1989. Elle a fait émerger deux grandes puissances très dissemblables, les États-Unis et l'URSS, dont la rivalité à l'échelle mondiale n'a fait que s'accentuer après 1945 au point de déboucher sur la Guerre froide, un conflit heureusement contenu dans certaines limites sans que jamais on n'utilise à nouveau l'arme nucléaire. Elle a signifié la fin de la domination coloniale de la France, de la Grande-Bretagne, de la Belgique ou des Pays-Bas, souvent après des guerres d'indépendance meurtrières comme en Indochine, en Inde, en Algérie. Elle a signifié aussi l'émergence de nouvelles formes de relations internationales comme l'Organisation des Nations unies, destinée à régler les différends entre nations par la négociation et non par la guerre, avec un succès que l'on sait aujourd'hui limité. Elle a signifié également l'affirmation de nouvelles valeurs plus ou moins partagées à l'échelle mondiale, comme la défense des droits fondamentaux des êtres humains : l'égalité, la liberté de penser, de croire, de circuler, la nécessité d'être protégé contre la persécution, la répression. Autant de principes bafoués durant la Seconde Guerre mondiale à une échelle jamais atteinte jusque-là et jamais reproduite depuis, mais dont on ne peut pas dire qu'ils ont été universellement respectés après. Très loin de là.

Un mauvais souvenir, cette guerre ? Oui, mais il y a des mauvais souvenirs qui passent avec le temps et d'autres qui restent. Cette guerre obsède encore la mémoire collective de nombreux peuples. D'abord, toutes les querelles de l'époque n'ont pas été épuisées : la Chine et le Japon ne se sont pas réconciliés comme ont pu le faire la France et l'Allemagne. Ensuite, malgré le temps écoulé depuis la fin de la guerre, on hésite encore sur le sens à donner à la victoire de 1945 : les Allemands d'aujourd'hui, un peuple pacifique et démocratique, peuvent-ils considérer que l'écrasement de l'Allemagne a signifié une « libération » de la dictature nazie, donc un événement positif, alors que leurs grands-parents ont terriblement souffert de cette période ? Peut-on sérieusement croire que la France, assise à la table des vainqueurs, a réellement contribué à gagner la guerre au même titre que les Anglais, les Américains ou les Soviétiques ? Enfin, et c'est peut-être l'essentiel, on cherche encore le moyen de commémorer le souvenir des millions de victimes de cette guerre en respectant deux principes opposés : d'un côté, il faut éviter d'établir une hiérarchie morale entre les souffrances subies, mais, de l'autre, il faut accepter leurs différences majeures. Le soldat tué au combat, le résistant mort sous la torture, le civil disparu dans un bombardement, le prisonnier de guerre exécuté, l'enfant juif assassiné dans une chambre à gaz, tous méritent un égal respect. Mais leurs destins respectifs ne signifient pas la même chose. La Seconde Guerre mondiale n'a pas seulement été une formidable épopée et un combat héroïque pour la liberté. Ce fut aussi une porte ouverte sur l'enfer moderne, un lieu où les gens souffrent sans savoir pourquoi.

# TABLE

## Du même auteur

Un château en Allemagne
Sigmaringen 1944-1945
*Ramsay, 1980, Complexe, 1984, Hachette/Pluriel, 2012*

La Collaboration
Les noms, les thèmes, les lieux
*Éditions MA, 1987*

Le Syndrome de Vichy, de 1944 à nos jours
*Seuil, 1987 et 1990*

Les Années noires
Vivre sous l'Occupation
*Gallimard, 1992 et 2009*

Le Régime de Vichy et les Français
*(dir. avec Jean-Pierre Azéma, François Bédarida et Denis Peschanski)*
*Fayard/IHTP, 1992*

La Vie des entreprises sous l'Occupation
Une enquête à l'échelle locale
*(dir. avec Alain Beltran et Robert Frank)*
*Belin, 1994*

Vichy, un passé qui ne passe pas
*(avec Éric Conan)*
*Fayard, 1994, Gallimard, 1996, Hachette/Pluriel, 2013*

La Hantise du passé
*Entretien avec Philippe Petit*
*Textuel, 1997*

Stalinisme et nazisme
Histoire et mémoire comparées
*(dir.)*
*Complexe/IHTP, 1999*

Vichy
L'événement, la mémoire, l'histoire
*Gallimard, 2001*

La Violence de guerre 1914-1945
Approches comparées des deux conflits mondiaux
*(dir. avec Stéphane Audoin-Rouzeau,*
*Annette Becker, Christian Ingrao)*
*Complexe/IHTP, 2002*

Le Dossier Lyon III
Le rapport sur le racisme et le négationnisme
à l'université Jean-Moulin
*(dir.)*
*Fayard, 2004*

Le Régime de Vichy
*PUF, 2007 et 2012*

Juger Eichmann
Jérusalem, 1961
*(dir.)*
*Mémorial de la Shoah, 2011*

La Dernière Catastrophe
L'histoire, le présent, le contemporain
*Gallimard, 2012*

## Dans la même série

Tahar Ben Jelloun
*Le Racisme expliqué à ma fille*

Régis Debray
*La République expliquée à ma fille*

Max Gallo
*L'Amour de la France expliqué à mon fils*

Sami Naïr
*L'Immigration expliquée à ma fille*

Jacques Duquesne
*Dieu expliqué à mes petits-enfants*

Jean Ziegler
*La Faim dans le monde expliquée à mon fils*

Annette Wieviorka
*Auschwitz expliqué à ma fille*

Nicole Bacharan et Dominique Simonnet
*L'Amour expliqué à nos enfants*

Jacques Sémelin
*La Non-Violence expliquée à mes filles*

Jérôme Clément
*La Culture expliquée à ma fille*

Roger-Pol Droit
*Les Religions expliquées à ma fille*

Henri Weber
*La Gauche expliquée à mes filles*

Jacky Mamou
*L'Humanitaire expliqué à mes enfants*

Jean Clottes
*La Préhistoire expliquée à mes petits-enfants*

Tahar Ben Jelloun
*L'Islam expliqué aux enfants*

Emmanuelle Huisman-Perrin
*La Mort expliquée à ma fille*

Patricia Lucas et Stéphane Leroy
*Le Divorce expliqué à nos enfants*

Roger-Pol Droit
*La Philosophie expliquée à ma fille*

Antoine Prost
*La Grande Guerre expliquée à mon petit-fils*

Bernard Sesboüé
*Le* Da Vinci code *expliqué à ses lecteurs*

Jacques Le Goff et Jean-Louis Schlegel
*Le Moyen Âge expliqué aux enfants*

Jean-Christian Petitfils
*Louis XIV expliqué aux enfants*

Marc Ferro
*Le XX^e siècle expliqué à mon petit-fils*

Michel Vovelle
*La Révolution française expliquée à ma petite-fille*

Jacques Le Goff
*L'Europe expliquée aux jeunes*

Denis Guedj
*Les Mathématiques expliquées à mes filles*

Pauline Schmitt Pantel
*Dieux et déesses de la Grèce expliqués aux enfants*

Roger-Pol Droit
*L'Occident expliqué à tout le monde*

Clémentine Autain
*Les Machos expliqués à mon frère*

Rama Yade
*Les Droits de l'homme expliqués aux enfants de 7 à 77 ans*

Pascal Vernus
*Les Dieux égyptiens expliqués à mon fils*

Alain Demurger
*Chevaliers et chevalerie expliqués à mon petit-fils*

Pascal Picq
*Darwin et l'évolution expliqués à nos petits-enfants*

Jean-Marc Jancovici
*Le Changement climatique expliqué à ma fille*

Roger-Pol Droit
*L'Éthique expliquée à tout le monde*

Marc Ferro
*Le Mur de Berlin et la Chute du communisme expliqués à ma petite-fille*

Marc-Alain Ouaknin
*La Tora expliquée aux enfants*

Jacques-Olivier Boudon
*Napoléon expliqué à mes enfants*

Jean-Louis Brunaux
*Les Gaulois expliqués à ma fille*

Bruno Dumézil
*Les Barbares expliqués à mon fils*

Pascal Picq
*Les Origines de l'homme expliquées à nos petits-enfants*

Jean-Didier Vincent
*Le Sexe expliqué à ma fille*

Hubert Reeves
*L'Univers expliqué à mes petits-enfants*

Roland Lehoucq
*Les Extraterrestres expliqués à mes enfants*

Marc-Alain Ouaknin
*L'Alphabet expliqué aux enfants*

Benjamin Stora
*La Guerre d'Algérie expliquée à tous*

Rachid Benzine
*Le Coran expliqué aux jeunes*

RÉALISATION : IGS-CP À L'ISLE-D'ESPAGNAC
IMPRESSION : NORMANDIE ROTO S.A.S. À LONRAI
DÉPÔT LÉGAL : AVRIL 2013. Nº 104150 (131427)
*Imprimé en France*

[illegible]